강한 영어학원 만들기

이야기로 풀어가는

강한
영어학원
만들기 1

ⓒ 원용석, 2020

초판 1쇄 발행 2020년 9월 22일

지은이   원용석
펴낸이   이기봉
편집   김혜정
펴낸곳   도서출판 좋은땅
주소   서울 마포구 성지길 25 보광빌딩 2층
전화   02)374-8616~7
팩스   02)374-8614
이메일   gworldbook@naver.com
홈페이지   www.g-world.co.kr

ISBN   979-11-6536-785-5 (03320)

이 도서의 국립중앙도서관 출판예정도서목록(CIP)은 서지정보유통지원시스템 홈페이지(http://seoji.nl.go.kr)와 국가자료공동목록시스템 (http://www.nl.go.kr/kolisnet)에서 이용하실 수 있습니다. (CIP제어번호 : CIP2020038791)

이야기로 풀어가는

강한
영어학원
만들기 1

원용석 지음

좋은땅

♦

프롤로그

1996년도에 영어 프랜차이즈 본사에 입사한 이후, 현재까지도 영어 학원 업계에 종사하고 있으니 적지 않은 시간이 흘렀습니다. 그동안 대형 어학원, 영어 유치원, 영어 공부방 등 여러 과정을 거치며, 그리고 네이버 카페와 블로그를 운영하며 참 많은 학원인들을 만났고 많은 일을 겪었습니다. 지금까지 짧게나마 얼굴을 직접 뵌 분들만 2,000명을 훌쩍 넘는 것 같습니다. 이 책은 제가 그렇게 만나온 많은 분들의 이야기와 직·간접적으로 경험했던 각종 사례에 관한 내용을 엮은 것입니다.

제가 만난 학원장님들은 출신 배경이 다양합니다. 교사, 어학원 강사, 학습지 교사 출신은 물론 외국계 기업, 가방 공장 사장님, 간호사, 심지어는 경찰 출신도 보았습니다.
학원을 운영하는 모습도 참 가지각색입니다. 처음부터 학원을 성공적으로 운영하신 분, 개원하자마자 폐원한 분, 처음에는 어려움을 겪었으나 각고의 노력으로 성공하신 분, 학원 일에 만족을 느끼며 자부심을 품고 운영하시는 분, 매일 힘들어하며 어렵사리 운영하시는 분 등 참으로 다양한 모습의 원장님들을 마주치게 됩니다.

결국, 사람 이야기입니다. 그러니 학원에도 희노애락喜怒哀樂이 있습니다. 그 이야기들을 써보고 싶었습니다. 학원 이야기, 그리고 학원인 이야기. 어쩌면 학원과 관련된 각종 실제 사례를 다룬 일종의 영어 학원 역사책일 수도 있겠습니다. 예비 학원 창업자와 현재 학원을 운영 중인 원장님들이 재미있는 역사책 읽듯이 부담 없이 읽고, 실제 사례를 통해서 학원 창업 및 운영의 방향을 설정하는 데 도움이 되었으면 하는 바람을 담아 썼습니다.

본 책의 내용은 필자가 운영하는 블로그 '원용석 소장의 강한 영어학원 만들기'에 포스팅한 내용을 기초로 하며, 향후 계획 중인 책도 블로그 포스팅을 근간으로 집필될 예정입니다. 또한, 학원 창업 및 운영에 관한 세부적인 지식과 학원장 네트워킹은 필자가 운영하는 네이버 카페 '강한 영어학원 만들기'를 이용하시면 많은 도움이 될 것입니다.

필자가 운영하는 카페와 블로그의 개설 취지처럼, 이 책이 영어 학원 관련자분들에게 등대의 역할을 할 수 있기를 소망합니다. 그래서 마지막 장을 넘기실 때는 학원 운영의 올바른 길을 찾고 확실한 희망을 발견하신다면 참으로 기쁘겠습니다.

차례

Chapter 2 학원장 이야기

Chapter 3 학원 창업 이야기

Chapter 4 학원 운영 이야기

Chapter 5 프랜차이즈 이야기

Chapter 6

Q&A

Chapter 1

학원 이야기

♦

학원은 교육·서비스업이다

어떤 기본 철학을 가지고 학원을 운영해야 할까요?

저는 이에 대한 지침이 학원 사업자등록증에 나와 있다고 생각합니다. 학원과 교습소 사업자등록증의 업태란을 보면 '교육·서비스업'으로 분류되어 있습니다. 저는 이것을 이렇게 해석합니다.

> 학원 사업은 교육적인 마인드도 중요하고 서비스적인 마인드,
>
> 즉 영업적인 마인드도 중요하다. 두 영역이 모두 중요하다.

지금까지 수많은 원장님을 만나며, 교육적인 마인드에만 치중해 있는 경우를 많이 보아왔습니다. 그리고 그것에 자부심을 가지신 분들도 상당히 많이 뵈었습니다. 학원은 잘 가르치기만 하면 된다는 생각이 강한 분들로, 강사 출신 원장님들이 그런 경우가 많습니다.

하지만 교육적인 마인드가 지나치게 강하면 학원 홍보 활동을 창피한 행위로 간주합니다. 이런 분들에게 학교 앞 홍보 등 직접 학부모나 학생을 마주하는 홍보 방법은 상당히 곤혹스러운 것입니다.

이런 생각이 틀린 것은 아닙니다. 당연히 창피할 수 있으며, 위신도 떨어질 수 있습니다. 하지만 이런 방식의 홍보를 피하겠다면 나름의 홍보 방법을 반드시 찾아야 합니다. 학원은 학생들이 저절로 찾아오는 학교가 아니기 때문입니다.

학원 운영에 있어 서비스 마인드도 매우 중요합니다. 학원에서 서비스 마인드란, 결국 학생과 학부모 입장에서 생각하는 것입니다. 또한, 학생 수를 늘리기 위해 끊임없이 연구하는 영업적인 자세, 그리고 지치지 않고 열정을 유지하는 자세가 필요합니다.

교육·서비스업.

학원 사업은 교육과 서비스업이 합쳐진 업태입니다. 이 중 교육이 먼저 위치하니 교육을 우선으로 하고 서비스로 뒷받침하면 학원 사업을 멋지게 성공시킬 수 있지 않을까요?

♦

1인 학원의 등장

1990년대의 영어 학원은 대형 어학원이었습니다. 그러나 2000년대 들어 영어 교습소, 영어 공부방(정식 명칭은 개인 과외 교습)이라는 소형 규모의 '1인 영어 학원'이 등장합니다.

영어 공부방의 경우는 거주하는 집에서 창업을 하니 창업 비용이 거의 들지 않습니다. 임대 보증금, 인테리어 비용이 발생하지 않으며 월 임대료도 발생하지 않습니다. 영어 교습소도 임대 보증금을 제외하면 1,000~2,000만 원 정도면 창업이 가능해서 그 수가 폭발적으로 증가했습니다.

2000년 초기에 등장한 1인 영어 학원은 현재 상당한 시장점유율을 보이고 있습니다. 처음 1인 학원이 등장할 때, 기존의 학원들은 이들을 경쟁자로 인식조차 하지 않았습니다. 그러나 학원 주위에 계속 1인 학원이 증가하였고 이로 인해 원생 모집에 상당한 어려움을 겪으면서 본격적으로 견제하기 시작합니다. 학원연합회 등을 통하여 교육청에 이에 대한 지속적인 해결을 요구합니다.

그 결과 현재는 1인 학원도 학원과 거의 동등한 수준의 법적 제약을 받고 있습니다. 그럼에도 1인 영어 학원은 창업 비용이 워낙 적고 개인 능력에 따라 상당한 고수익이 가능하여 앞으로도 계속 증가할 것으로 예상합니다.

학원 강의 시스템의 변화

전통적인 수업 방식은 '강의식 수업'입니다. 선생님은 판서하며 강의를 하고 학생들은 그 수업을 듣는 방식. 그러나 몇 년 전부터는 '자기주도식 수업'이 확산되고 있습니다. 이는 학원 운영 면과 학습 효과적인 면 때문입니다.

효율적인 학원 운영을 위해서는 한 클래스당 일정 수의 학생이 필요한데, 학생 수는 감소하고 학원 수는 늘어나면서 이를 채우기 매우 어려워졌습니다. 그 결과 학생이 6명인데 클래스가 6개인 경우도 발생합니다. 한 클래스당 학생이 한 명인 것입니다. 모든 학생의 레벨이 다르기 때문입니다.

이런 이유로 시간과 레벨에 구애받지 않는 시스템이 필요하게 되었고 이에 대한 대안이 자기 주도식 시스템입니다. 흔히 '랩 스쿨 Lab school'로 불리는 시스템입니다. 이런 자기 주도식 시스템은 향후 더욱 확산될 것으로 예상합니다.

♦

IT 업체의 영어 교육 시장 진출

영어 교육 시장은 타 업종에서 진출하기 쉽지 않은 영역입니다. 과거의 사례를 보더라도 꽤 큰 기업들이 영어 교육 시장에 도전했으나 지금은 모두 사라졌습니다. 영어 교육 시장에 대한 이해 부족이 아마도 가장 큰 이유일 것입니다.

그러나 비교적 성공적으로 영어 교육 시장에 진출한 업종이 있는데 바로 IT 업종입니다. IT 업종이 영어 교육 시장으로 진출해서 성공했던 첫 사례는 아마도 S 브랜드일 것입니다.

S 브랜드는 아주 단순하게 영어 교육 사업을 시작했습니다. 보통의 영어 교육 업체라면 교재를 자체 개발해서 사업을 시작하는데 S 브랜드는 시중 교재에 IT 툴을 개발해서 사업을 시작했습니다. 교재를 개발하여 영어 교육 사업을 전개하는 고정관념을 깨고 시중 교재를 활용한 것입니다.

S 브랜드의 성공은 많은 IT 업체에 사업 기회를 준 듯합니다. 이후로 적지 않은 IT 업체들이 S 브랜드를 벤치마킹하여 영어 교육 시장에 진입합니다.

하지만 현재까지의 결과로는 100% 온라인 영어 수업의 경우, 성공한 사례를 보지 못했습니다. 온라인 영어 프로그램은 보조 프로그램의 한계를 벗어나지 못했습니다. S 브랜드가 메인 프로그램으로 힘차게 뻗어나가는 듯했으나 크게 성공하지는 못했습니다.

앞으로도 IT 업체의 영어 교육 시장 진출은 계속될 것으로 예상됩니다. 아마 IT 지식만으로 영어 교육 시장에 진입한다면 결과는 좋지 않을 것입니다. 하지만 영어 교육 전문가와의 충분한 협업이 있다면 강한 온라인 영어 프로그램이 나올 수 있으리라 생각합니다.

◆
도전과 응전

아널드 조지프 토인비의 "인간의 역사는 도전과 응전이다."라는 유명한 말을 들어보신 적이 있을 것입니다. 저는 학원 업계에서 적지 않은 기간을 보내오면서 이 말에 더욱 공감하고 있습니다.

　2000년대 초, 우리나라에는 영어 유치원 광풍이 일었습니다. 영어 유치원 광풍의 직접적인 피해자는 일반 유치원이었습니다. 같은 연령대를 타깃으로 경쟁하다 보니 기존의 유치원들은 영어 유치원에 학생들을 빼앗길 수밖에 없었습니다. 그동안 상당한 국가의 보호를 받으며 (거리 제한 등) 비교적 편하게 운영을 지속해 온 유치원으로서는 강력한 공격을 받은 것입니다. 더욱이 법적으로 일반 유치원에서는 영어를 가르칠 수 없었습니다. 그래서 생존을 위해 일반 유치원을 용도 변경하여 영어 유치원으로 전환한 경우도 상당수 있었습니다.
　그런데 시간이 흐르면서 일반 유치원의 응전이 시작됩니다. 가장 경쟁력이 있는 강력한 형태가 일반 유치원에 '어학원'을 추가로 설립하는 것입니다. 어학원 인가를 위해서는 적법한 공간과 일반 유치원과의 별도 출입구만 있으면 되기 때문에 큰 어려움이 없었습니다.

　일반 유치원과 영어 학원의 결합!
　이것은 엄청난 시너지 효과를 냅니다. 일반 유치원 원생들에게 방과 후 프로그램으로 영어 유치원 프로그램까지 수강하게 하는 전략으로 원생이 증가한 것입니다. 기존 인력을 최대한 활용하며 매출이 증가하는 매우 효율적인 사업 구조가 만들어진 것이죠. 이런 성공에 자극을 받은 많은 유치원 원장님들이 벤치마킹하여 영어 학원을 추가 설립하기 시작합니다.

이제 학부모님들의 선택은 정해집니다.

영어만 학습하는 것에 대한 불안감이 있었는데 이에 대한 적절한 대안을 일반 유치원이 제시한 것입니다.

시대도 변합니다.

영어 유치원의 효과에 대한 의문이 점점 증가하며, 그동안 영어 유치원 이미지를 확실히 구축한 일부 원을 제외하고는 시장에서의 지위가 급속히 위축됩니다.

현재까지는 그렇습니다.

한때 가맹 학원이 1,000개가 넘으며 랩 스쿨 시스템에서 압도적으로 선두의 위치에 있었던 영어 프랜차이즈 브랜드가 지금은 존재감이 거의 없습니다. 그 자리를 다른 신생 업체들이 치고 들어왔습니다. 도전에 제대로 된 응전을 하지 못한 결과입니다.

국내 영어 프랜차이즈 1세대 업체들인 ECC, SLP 등은 숱한 도전에 제대로 응전한 업체들이라고 인정하고 싶습니다. 그러나 이러한 업체에도 후발주자인 J 어학원, C 어학원 등 대치동 브랜드들이 도전한 역사가 있습니다. 대형 어학원 브랜드에 맞선 소형 영어 학원들의 도전도 있었습니다. 지역 절대강자 학원에 도전한 신생 학원들도 있었습니다.

현재의 강자가 언제까지 강자의 자리를 유지할지 모릅니다.
또 현재의 약자가 계속 약자일지 그것도 알 수 없습니다.
우리나라 기업들이 일본 기업과 경쟁할 줄 누가 알았을까요?
학원 사업에서도 도전과 응전은 계속될 것입니다.

♦

철옹성에 대한 두려움 없는 도전

"영원한 강자는 없다!"
역사가 증명해주는 말일 것입니다.
국가도, 기업도, 전성기가 지나면 쇠퇴합니다.

학원 사업도 마찬가지입니다. 철옹성 같은 시장 지위를 확보하고 있던 학원도 새로운 도전자의 등장과 도전에 그 확고했던 자리를 내주기도 합니다.

1990년대 말과 2000년대 초반에 토플 등 시험 대비 과목은 P 어학원이 최강자였습니다. 그런데 2000년대 중순에 작은 움직임이 감지됩니다. P 어학원에서 나름 상당한 위치를 확보하고 있던 몇몇 강사들이 어느 작은 어학원으로 이동하는 것이었습니다. 시험 대비 최고 영어 학원에서 이름도 없는 작은 학원으로의 이동은 쉬운 결정이 분명 아니었을 것입니다.

이후 이 작은 어학원은 출판업을 병행했는데 이곳에서 출간한 토플 교재가 상당한 인기를 끌었습니다. 평소 자주 다니던 영어 전문 서점에 들른 적이 있었는데 이 학원에서 출간한 토플 교재에 대해 성토를 하더군요. 책 공급도 원활치 않고 서비스도 좋지 않아 취급하고 싶지 않은데 워낙 찾는 사람들이 많아 어쩔 수 없이 취급한다고요. 서점에서 팔고 싶지 않은데 시중에서 인기가 좋아 팔 수밖에 없는 교재였던 것입니다. 그만큼 이 학원에서 출간한 토플 교재의 인기가 좋았습니다.

교재의 힘이었을까요? 이 학원은 계속 성장합니다. 시험 대비 전문 학원으로 시장에서 그 위치가 철옹성 같았던 P 어학원의 시장을 잠식합니다.

보통은 강자가 차지하고 있는 시장은 공략할 엄두를 내지 못합니다. 이길 가능성이 희박하다고 생각하기 때문입니다. 그래서 강자가 없는 시장을 찾고 이 시장에 진입합니다. 흔히 말하는 틈새시장입니다. 그러나 이 작은 어학원은 강자에게 정면으로 덤벼들었습니다. 그리고 성공했습니다. 이 작았던 어학원이 해커스 어학원입니다.

강력한 내공을 갖춘 학원이라면 그 성장을 예측하기 어렵다고 봅니다. 지금은 작더라도 후에는 크게 성장할 수 있겠지요. 그리고 강자가 된 후에는 새로운 도전을 받을 것입니다. 그 도전에 응전할 것이고요.

현재의 대형 어학원에 도전하는 것이 불가능한 일은 아닙니다.
작은 학원도 미래의 대형 어학원이 될 수 있습니다!

◆

강한 영어 학원에서 근무하기

영어 강사로서, 근무할 영어 학원 선택은 매우 중요합니다. 향후 영어 학원을 창업할 계획이 있는 강사분이라면 특히 중요합니다. 지금까지 적지 않은 기간 동안 성공한 영어 학원을 접했고 나름의 기준으로 연구하고 분석해 봤습니다. 보통은 강한 영어 학원에서 근무했던 분들이 독립해서도 강한 영어 학원을 만들어 내시더군요.

　대형 어학원의 경우, 강사 채용 기준이 높다 보니 교육적 배경이 뛰어난 강사들이 근무합니다. 그러면서 대형 어학원의 교육 철학과 학원 시스템을 배우니 그 강사들이 영어 학원을 창업하면 강한 영어 학원이 될 가능성이 크다고 생각할 수 있습니다.

　그러나 꼭 그렇지만은 않더군요. 대형 어학원 근무 경험이 풍부한 강사들이 의외로 동네 학원에서 고전하는 경우도 봤습니다. 오히려 동네(지역)에서 강한 영어 학원에 근무했던 분들의 성공 가능성이 더 크다고 저는 보고 있습니다. 영어 프랜차이즈가 아닌 개인 브랜드로 지역에서 성공한, 강한 영어 학원에서 3년 이상의 근무 경험을 쌓은 분들이 독립하면 결과가 매우 좋았습니다.

　여기서 중요한 것 한 가지가 있습니다.
　독립한다고 해서 원장님과의 관계가 끊어지면 안 됩니다. 원장님의 지지가 있어야 합니다. 꼭 원장님의 직접적인 도움이 아니더라도 마음의 지원을 받으시는 것이 중요합니다. 그러면서 계속 교류하고요. 그러면 앞으로도 좋은 영감을 얻고 도움을 받을 수 있습니다.

영어 학원 창업을 염두에 두고 계신 강사분들은 제 글을 기억하셨으면 좋겠습니다. 크게 보고 지원하셨으면 합니다.

강한 영어 학원에서는 나도 모르게 참 많은 것을 배웁니다.
그게 뭔지는 꼭 집어서 말할 수 없을지도 모릅니다.
그러나 분명히 강해집니다.
그리고 3년 이상의 학원 근무 경험은 필수입니다.

♦

학원 사업에서 블루오션을 찾아라?

'블루오션 경영 전략'

이것은 프랑스 인시아드 경영대학원의 김위찬 교수와 르네 모보르뉴 교수가 주장하여 세계적인 반응을 끌어낸 경영 전략입니다. 핵심은 '경쟁자가 없는 시장을 공략한다'는 것입니다.

No competition market!

학원 사업에 블루오션 경영 전략을 적용하면 아마도 '무엇을 가르칠 것인가'에 대한 전략이 될 것입니다. 예를 들어 '어떤 것을 가르쳐야 경쟁 학원이 없을까?' 하는 것입니다. 영어 원서, 소리 영어, 내신, 토플, 토익, 공무원 시험, 스피킹 전문, 문법 전문 등.

저는 블루오션이라는 말을 들었을 때 '저게 무슨 소리야?'라는 생각을 했었습니다. 누구나 알고 있는 것을 왜 그렇게 대단한 발견인 듯 이야기하는지? 그리고 그런 시장이 과연 있을까? 경쟁자 없는 시장이?

사실 지금도 같은 생각을 하고 있습니다. 아주 가끔 학원 사업에 있어서 독특한 분야에 대한 전문성을 쌓아 상당한 위치에 있는 학원 전문가도 볼 수는 있습니다. 그러나 이런 경우는 극히 드뭅니다. 그러니 이제는 레드오션에서 경쟁력을 갖추는 편이 훨씬 현실적이지 않나 싶습니다.

레드오션에서 성공한 국내 경영 사례가 생각납니다.

작은 벤처기업이 만든 내비게이션 애플리케이션인 '김기사'는 대형 내비게이션 회사가 장악한 시장에 후발 주자로 침투하여 대단한 성공을 거뒀고 그 경쟁력을 인정받아 카카오에 600억 원이 넘는 금액에 매각될 정도로 큰 성공을 거두었습니다. 이것은 학원 사업에도 시사하는 바가 있다고 생각합니다.

또, 개인적으로 '구글'이라는 회사에 대한 호감과 존경심을 가지고 있습니다. 이 회사는 검색 사업으로 처음 시장에 진입했습니다. 당시에는 야후가 검색 시장의 최강자였고 라이코스, 알타비스타 등의 업체가 이미 시장을 선점하고 있어서 그야말로 레드오션이었습니다. 그러나 구글은 성공했습니다. 그것도 큰 성공을 거뒀습니다. 구글은 아마도 '무엇을 할 것인가'가 아닌 '어떻게 할 것인가'로 사업에 차별화를 두고 승부를 건 듯합니다.

다시, 학원 사업으로 돌아와 보겠습니다.

학원 사업에서 '어떻게 할 것인가'는 '교수법'과 '학원 경영'에 관한 것이 될 것입니다. 같은 스피킹 전문 학원이라도 교수법과 학원 경영은 모두 다릅니다. 꼼꼼하게 학생들을 지도하고, 학생들을 사랑으로 대하며, 내신 영어 성적의 결과를 탁월하게 내며, 각종 학원 이벤트로 학생들을 즐겁게 하고, 효율적인 학원 시스템을 만드는 등의 노력이 '어떻게 할 것인가?'하는 것입니다. 이런 부분들이 학원 차별화 요소입니다.

학원 차별화는 지속성이 중요합니다. 신도시 등 경쟁자가 없는 학원 시장에 어떻게 진입을 한다고 하더라도 후발주자는 반드시 생겨나니 지속성은 대단히 중요합니다. 학원 창업을 앞두고 블루오션을 찾아 헤매는 것보다 어쩌면 레드오션에서 지속적으로 경쟁력을 갖출 방법을 찾는 것이 현명할 수 있다고 봅니다.

◆

학원 사업에서 워라밸?

요즘 '워라밸'이라는 단어가 많이 등장하더군요.
참 듣기 좋은 말입니다. 일과 삶의 균형.
그런데, 과연 학원 사업을 하는 학원장(영어 공부방, 영어 교습소 등 1인 영어 학원 포함)에게 가능한 삶의 모습일까요? 오너owner에게 말입니다.

　이 용어에는 '이제 일만 하고 살지는 말자'라는 의미가 내포되어 있다고 봅니다. 귀가 솔깃한 말입니다. 그러나 학원 사업을 하는 오너가 추구하는 삶이 이렇게 되기는 힘들다고 봅니다. 아마도 십 년 이상의 경험을 갖춘, 그것도 극히 일부의 내공을 갖춘 학원장만이 누릴 수 있는 삶이라고 저는 생각합니다. '절대 고수 학원장'만 가능한 삶. 하지만 어디 절대 고수가 흔하던가요.

　'오너의 삶'은 좋은 삶을 내가 누리는 것이 아닌 그 좋은 삶을 타인에게 제공하는 것이라고 생각합니다. 너무 억울한가요? 하지만 오너는 그리 편한 삶을 살 수 없습니다. 그래서도 안 되고요. 훌륭한 오너는 사실 워라밸의 삶을 부러워하지도 않을 것입니다. 남들이 보기에 힘들고 바빠 보이는 현재의 삶에 분명히 만족할 것입니다.

　유럽은 모르겠으나 선진국인 미국의 경우를 보더라도 벤처로 크게 성공한 사업가들의 근무 시간을 보면 놀랍더군요. 테슬라의 CEO인 앨론 머스크는 최소 주 80시간을 일한다고 합니다. 하루 22시간씩을 몇 주간 일한 적도 있다고 합니다. 상상하기 힘들 정도입니다. 앨론 머스크가 뭐 아쉬운 것이 있는 사람이라고.

실제 학원 사업에서 성공한 분들을 만나보면 24시간 내내 학원을 생각합니다. 어쩌면 그러한 삶이 그 원장님들에게는 워라밸의 삶일지도 모릅니다.

몰입! 이것 없이 어떻게 내 학원 비즈니스를 성공시킬 수 있을까요? 특히나 이제 막 학원 사업을 시작하는 원장님이라면 워라밸이라는 단어는 생각하지 않으셨으면 합니다. 학원 오너의 삶은 그리 만만치 않습니다. 아니, 모든 오너들이 마찬가지입니다.

네, 알고 있습니다. 사람마다 추구하는 삶은 다르지요.
그러나 '강한 영어 학원'으로 가기 위해서는 그래야 합니다.

♦

학원 사업에서 규모의 경제?

'규모의 경제'라는 말을 알고 계실 것입니다. 한 사업 분야에서 규모가 커지면 대량 주문이나 대량 생산을 통해서 구매 비용이나 제조 원가를 낮추어 수익성 향상을 취하는 것입니다. 그래서 제조업 등의 사업 분야에서는 시장 점유율을 높이기 위해 총력을 기울입니다. 규모의 경제 전략을 통해서 경쟁력을 확보하기 위해서입니다.

미국의 아마존이 대표적인 예입니다. 아마존은 대량 구매로 구매 원가를 낮춰 이를 싼 가격으로 시장에 공급하는 전략을 취하고 있습니다. 일관된 아마존의 사업 정책입니다. 이런 아마존의 전략에 수많은 전통의 유통업 강자들이 줄줄이 사라지고 있습니다. 경쟁자로서는 매우 두려운 상황입니다.

그렇다면 학원 사업에서도 규모의 경제를 활용한 전략이 가능할까요? 대형 어학원이 규모의 경제를 통해 중소형 학원을 어렵게 만들 수 있을까요?

현실은 전혀 그렇지 않습니다. 만약 이 전략이 학원 사업에서도 통했다면 영어 교습소, 영어 공부방 등 1인 영어 학원은 존재할 수 없었을 것입니다. 한국 영어 시장은 대형 어학원의 독무대가 되었겠죠. 즉,

학원 사업은 규모의 경제가 해당되지 않는 분야라고 볼 수 있습니다.

학원 사업에서는 학생 수가 늘어나고 분원이 늘어난다고 해서 비용이 절감되는 요소가 그리 크지 않습니다. 영어 프랜차이즈 본사라면 대량 제작으로 교재 제작 단가를 낮출 수는 있겠으나 가맹 학원에 해당되는 내용은 아닙니다.

학원 시장을 보면 이를 뒷받침하는 증거들이 즐비합니다. 투자 자본은 거의 없으나 경쟁력을 갖춘 경우에는 1인 학원이라도 학원 시장에서 상당한 결과를 내고 있습니다. 이런 분들은 대형 어학원을 전혀 두려워하지 않습니다.

어떤가요?

학원 사업은 작아도 한 번 해볼 만한 경쟁 환경의 시장 아닌가요?

♦

Video killed the radio star

'Video killed the radio star'라는 노래를 아시나요?

아마 어느 정도 나이가 있는 분들은 한번쯤 들어 보신 적이 있을 겁니다. 내용은 '비디오'의 등장으로 그동안의 강자였던 '라디오 스타'들이 몰락했다는 내용입니다. 저는 이 노래를 들으면 학원 사업이 연관 지어집니다. 학원 시장에서 '비디오'는 내 학원 근처에 새롭게 등장한 대형 어학원 등 아주 강력한 경쟁자가 되겠죠.

이 노래는 단정 지었습니다.

'비디오'가 '라디오 스타'를 몰락시켰다고.

그런데, 과연 그런가요?

라디오는 '보이는 라디오' 등으로 진화해서 여전히 경쟁력을 유지하고 있습니다. 저도 개인적으로 차량으로 이동할 때면 라디오를 즐겨 듣습니다. 물론 비디오의 등장으로 사라진 스타들도 있을 것입니다. 아마 변하지 않아 경쟁력을 갖추지 못한 라디오 스타들은 사라졌을 것입니다.

학원도 마찬가지 아닐까요?

새롭게 등장한 강력한 경쟁자에 맞설 자신만의 무기를 찾지 못한다면 서서히 사라질 것입니다. 아니면 스스로 겁을 먹고 경쟁 자체를 포기하거나요.

과거, 미래학자들의 예측이 있었습니다.
'PC의 등장으로 이제 TV는 사라질 것이다!'
하지만 TV는 대형화, 고급화되면서 오히려 시장이 더 커졌습니다.
미래학자들은 PC의 등장으로 종이 없는 세상도 올 것으로 예측했습니다. 그러나 종이 사용은 오히려 더 늘어났습니다.

인근에 갑자기 대형 어학원이 개원하나요?
그래서 무서우신가요?

역사는 답을 말해주고 있습니다.
학원 사업의 역사도 마찬가지입니다.
충분히 살아남을 수 있습니다.
정신 차리고 진화한다면요.

◆

방과 후 학교 강사 출신 영어 원장님

과거 저는 영어 학원 창업 시 가장 성공 가능성이 큰 출신 배경으로 학습지 교사를 꼽은 적이 있습니다. 학습지 교사는 학부모 관리 및 상담 능력이 뛰어나고 멘탈이 강한 분들이 많아서 3년 이상 학습지 교사 근무 경험이 있다면 학원 창업 시 성공 가능성이 상당히 큽니다.

실제로 학습지 교사 출신 원장님들은 대형 어학원은 아니어도 1인 학원 등 강소 학원 운영에 있어 적지 않은 성공 사례를 보여주고 있습니다. 그런데 최근에는 다른 출신 배경도 많이 눈에 보입니다. 바로 방과 후 학교 강사 출신입니다.

방과 후 학교 강사는 학교에서 선발(방과 후 위탁 업체나 개인 자격으로)하는 관계로 자격 조건이 까다롭습니다. 즉, 일정 수준 이상의 교육적 배경을 가진 분들만 방과 후 학교 강사로 근무할 수 있는 것입니다. 학원보다 한 클래스에 많은 인원을 강의해야 하니 효율적인 강의 노하우가 상당합니다. 게다가 학교에서 여러 명의 학생을 지도하니 자연스럽게 학부모 인맥도 구축됩니다. 이 인맥이 초기 영어 학원 설립 및 운영에 있어 상당한 역할을 합니다. 제가 사는 곳만 봐도 저희 동네에서 가장 큰 영어 학원은 방과 후 강사 출신 원장님이 운영하고 있습니다.

참고로 제가 생각하는 학원 성공 가능성이 큰 출신 배경은 이렇습니다.

1) 학습지 교사 출신

2) 방과 후 강사 출신

3) 유치원 파견 강사 출신

4) 서비스업(특히, 보험 회사) 출신

4) 외국계 회사 출신

4) 강사 출신

1~3위(?)까지는 순위가 있다고 생각하지만, 나머지 출신들은 성공 가능성이 비슷하다고 봅니다. 비교육 분야 출신에서는 보험 회사 출신인 분들의 놀라운 활약을 적지 않게 보았습니다.(위의 순위 분류는 순전히 개인적인 의견임을 강조해서 말씀드립니다. 그냥 재미로 봐주셨으면 하는 바람입니다.)

◆

학원 사업에서 대기만성?

대기만성! 듣기 좋은 말 아닌가요?
왠지 역전의 의미가 있습니다.

그러나 슬프게도 저는 아직 영어 학원 사업에서 대기만성형 원장님을 많이 만나지 못했습니다. 영어 학원 사업은 보통 처음부터 잘했던 분들이 계속 잘하시더군요. 처음에 잘 못 했던 분들이 세월이 흐르며 반전을 이루는 경우는 매우 드문 듯합니다.

만약 5년 정도의 학원 운영 기간에도 큰 반전이 없었다면 변화를 심각하게 고려해야 합니다. '왜 이럴까?'에 대한 깊은 생각이 필요합니다.

우리가 지도하는 학생들을 보면 이유는 간단할 수 있습니다.
공부 잘하는 학생들은 계속 잘합니다. 그러나 못하는 학생이 반전을 이루는 경우는 매우 드뭅니다. 공부를 못하는 학생은 이제부터 열심히 공부하겠다는 굳은 각오를 하더라도 그 각오가 몇 개월 유지되지 않습니다. 몸과 마음이 이미 공부를 잘할 수 없게 체질화된 것이지요.

어려움에 처한 원장님들도 마찬가지 아닐까요? 영어 학원 사업을 잘할 수 없게 이미 몸과 마음이 체질화된 것일 수 있습니다. 그래서 학원 사업에서 대기만성형을 보기 힘든 것 아닐까 생각합니다.

이 글은 현재 학원 경영에 어려움을 겪는 원장님들의 희망을 꺾으려는 글이 아닙니다. 워낙 오랫동안 많은 원장님들을 만나다 보니 처음 보는 원장님이라도 잠시 대화를 나눠 보면 이 원장님의 학원 경영 상태가 대충 짐작이 됩니다. 성공하기 좋은 마인드, 나쁜 마인드가 감지되는 것이죠. 그리고 후자의 원장님을 대할 때면 안타까움을 느낍니다.

겸손하게 열린 마음으로 자신의 상태를 인정하고, 동료 학원장들과 깊은 대화를 나누고, 잘되는 학원을 연구해 나에게 맞게 적용해서 강한 영어 학원을 만들어가는, 대기만성형 원장님들이 많아지셨으면 좋겠습니다.

♦

시장의 흐름을 읽었던 영어 학원

이 영어 학원에 대해 들어본 것은 정확히 2000년도입니다. 서울 대학로 근처에 학원이 있다고 했습니다. 학원 이름은 D 어학원.

이 학원에 대해 알게 된 것은 토플 문제 때문이었습니다. 당시 저는 P 어학원에 근무하고 있었기 때문에 토플에 대해 자연스럽게 정보를 접할 수 있었습니다. 토플을 가르치는 학원은 많은 문제를 확보하고 있어야 했습니다.

D 어학원에서는 토플 문제를 제공하는 사업을 시작했습니다. 토플 문제만 각 학원에 공급하는, 틈새시장 공략이라고 보셔도 될 듯합니다. 당시 D 어학원을 직접 가보지는 않았지만, 그곳 출신 강사들에게서 들을 수 있었습니다. 그들의 공통된 말은 '작은 학원입니다'였습니다. 얼마나 작았는지는 모르지만 아마도 매우 큰 학원은 아니었다는 의미로 생각되었습니다.

이후 D 어학원은 또 다른 틈새시장을 공략하여 상당한 성공을 거둡니다. 그 시장은 주니어 토플 시장!

토플의 인기는 올라가고 있었으나 성인들이 보는 토플책을 중·고등학생들이 보기에는 무리가 있었습니다. D 어학원은 이 시장을 공략한 것입니다. 주니어 대상의 토플 책을 시장에 공급하여 상당한 성공을 거듭니다. '링구아'로 시작하는 시리즈 교재가 그것입니다. 당시 대형 영어 출판사에서도 생각하지 못했던 주니어 토플 시장을 선점한 결과입니다. 이후 링구아 교재는 외국에 수출까지 되는 보기 드문 실적을 냈습니다.

시장의 흐름을 읽고, 좋은 사업 아이디어를 찾아내고, 이를 실행할 능력이 있다면 크지 않은 학원이라도 얼마든지 시장 공략이 가능하다는 충분한 사례가 될 것 같습니다.

지금도 있을 것입니다.
이런 틈새시장이.

죽지 않은 스파르타식 학원

2000년대로 접어들며 스파르타식 교육이 매우 성행합니다. 대형 어학원은 대부분이 스파르타식 운영으로 성장했고 이를 벤치마킹하여 소형 학원 중에서도 스파르타식으로 운영하는 곳이 상당수 있었습니다. 당시 원장님들 사이에서 유행하던 말이 기억납니다.

'학생들의 고통은 엄마들의 행복이다!'

이것이 학원 비즈니스의 포인트였습니다.

스파르타식 교육의 핵심은 숙제의 양입니다.

엄청난 양의 숙제를 학생들에게 내주었습니다. 이를 소화하느라 초등학생들도 1시, 2시에 잠을 자더군요. 부모님들은 안타까워하면서도 어쩔 수 없는 시대의 흐름이라고 생각하여 이 방식을 거부하지 않았습니다.

그러나 시대가 점점 변합니다.

성적보다는 자식의 행복을 우선순위로 삼는 가치관의 변화가 학부모들 사이에서 생겨납니다. 학생들도 마찬가지입니다. 이제 더는 스파르타 교육을 견디지 못합니다. 아니, 받아들이지 않습니다. 학생이 받아들이지 못하면 부모도 어쩌지 못하게 되어 있습니다. 그 때문에 과거와 비교한다면 확실히 스파르타식 학원은 그 위세가 위축되었습니다.

그런데도 스파르타식 교육은 여전히 학원 현장에서 만만치 않은 위치를 차지하고 있음을 봅니다. 특히, 많은 영어 학원에 다녀보고 나름대로 노력을 했음에도 결과가 좋지 않은 학생의 경우에는 마지막 선택으로 스파르타식 학원을 찾게 됩니다.

기숙 학원의 경우에는 대부분 스파르타식 학원 운영을 하고 있습니다. 기숙 학원에 있어 스파르타식 학원 운영은 선택이 아닌 필수일 것입니다. 제가 살고 있는 동네를 보더라도 영어 학원 한 곳이 개원 초기부터 스파르타식 수업으로 자리를 확실히 잡고 있습니다. 학생들이 싫어하지만, 그 학원은 수년째 순항하고 있습니다.

스파르타식 운영의 미래가 어떨지는 모르겠습니다. 그러나 '대한민국에 성적이 존재하는 한, 완전히 사라지지는 않을 것이다'라는 것이 저의 생각입니다. 그리고 스파르타식 학원 운영 방식이 단기간에 학원을 성장시키기에는 여전히 효과적이라는 생각을 개인적으로 가지고 있습니다.

학원 사업의 매력

학원 사업의 매력은 무엇일까요? 매력이 없을까요?

아마도 지금 학원 운영에 지쳐있는 원장님들은 그렇게 생각할 수도 있습니다. 처음부터 학원 업계에 있었던 분들도 어쩌면 학원 사업의 매력을 모를 수 있습니다.

저는 1996년도에 학원 업계에 입문하기 전, 길지는 않지만 제조·유통업에서 근무한 경력이 있습니다. 그 고생이 지금도 너무나 선명해서 저는 학원 사업이 무척 매력 있다고 생각합니다. 아마 다른 분야에서 근무하다 학원 사업을 시작한 분들은 저의 생각에 동의하시지 않을까 싶습니다.

그러면 제가 생각하는 학원 사업의 매력을 몇 가지 들어 보겠습니다.

1) 학원 사업은 재고가 없는 사업 구조입니다.

제조업 등 대부분의 업종은 재고 때문에 회사가 무너지는 경우가 있습니다. 수요 예측이 매우 어렵기 때문에 그렇습니다. 음식점도 마찬가지 아닐까요?

2) 수강료에 대해 선입금을 받는 것도 매우 매력적인 대목입니다.

인테리어 사업하는 분들 말씀을 들어보면 공사대금을 못 받는 경우가 허다하다고 합니다. 현금이 아닌 어음을 받아, 그것도 6개월짜리

어음을 받아 현금 흐름에 애를 먹는 사업체도 많습니다. 학원은 그런 경우가 극히 드뭅니다.

3) 학원 사업은 학부모나 학생들로부터 대우를 받는 업종입니다.

가끔 힘들게 하는 학부모나 학생을 만나기는 하지만 대체로 존중 받습니다. 일단 수업을 시작하면 내가 왕입니다.

4) 초과 근무 수당이 확실하다는 장점도 있습니다.

강의가 많을수록 수입이 늘어납니다. 강의만 있으면 주말 수입도 보장됩니다.

5) 투자 대비 수익률이 높은 업종입니다.

가게 차리려면 어느 정도의 자금이 필요한지 아시지 않을까요? 투자 대비 수익률도 아실 것이고요. 일부 유명 프랜차이즈는 5억 원 투자해서 월 500만 원 수익도 힘들다고 합니다.

6) 학원 사업은 스트레스가 덜한 업종입니다.

이게 무슨 소리냐고요? '진상 학부모' 만나보고 하는 소리냐고요?
네, 다 경험해봤습니다. 진상 학부모는 지속적인 스트레스를 주지 못합니다. 도저히 감당 안 되면 내보내면 됩니다. 그걸로 인연이 끝나며 감정이 종료됩니다.
그러나 직장의 경우를 예로 들어볼까요?
나쁜 상사를 만나면 인생이 지옥이 됩니다. 그 고통의 끝이 보이지 않습니다. 아마도 직장생활 경험이 있는 분들은 저의 의견에 공감하시리라 생각합니다.

7) 학원 사업은 퇴근하면 대부분의 업무가 중단됩니다.

일반 회사에 다니는 경우는 퇴근해도 머리가 복잡합니다. 해결해야 하는 일들이 꼬리를 물고 있습니다. 학원은 그런 업무가 많지 않습니다.

평소 저의 학원 사업에 대한 생각을 생각나는 대로 적어 보았습니다. 위의 매력이 제대로 발휘되려면 한 가지가 먼저 충족되어야겠지요. 그것은 '학생 모집'입니다. 이것만 되면 학원 사업은 매우 할 만합니다.

어떤가요? 잘만 하면 매력적이지 않나요?

◆

교육 사업 성공의 기회는 평등하다!

과거에 정철 어학원에 근무할 때 이사장이신 정철 선생님께서 이런 말씀을 하신 적이 있습니다.

"요즘 학원 사업이 돈 좀 된다고 하니까 대기업들이 눈독을 들이던데 나는 하나도 겁 안 난다. 교육 사업은 돈으로 하는 것이 아니다."

무슨 말씀인지 당시에는 잘 몰랐습니다.

'아니 대기업을 이기는 중소기업이 있던가?'라는 생각이 무척이나 강했습니다. 그래서 이사장님 말씀이 조금은 무모한 자신감으로 들렸고, 직원들에게 희망을 주기 위한 메시지에 불과하다고 생각했습니다.

그러나 지금은 그 말씀이 너무나도 정확한 말씀이었다고 인정합니다. 2000년도 초에 국내 굴지의 대기업이 이 러닝e-learning 영어 교육 사업에 투자했다가 존재감조차 못 주고 사라진 것을 보았고, 약 10년 전쯤에도 막강한 자본력의 대기업이 들리는 소리로는 약 1,000억 원을 투자해서 국내 교육 사업을 모조리 장악할 기세로 사업을 전개하다가 흔적도 없이 사라진 것을 보았습니다.

지금의 대형 어학원으로 성장한 브랜드는 자본력으로 성장한 회사들이 아닙니다. 모두 실력으로 작은 학원부터 시작해서 성공한 학원들입니다. 정상 어학원, 청담 어학원, 최선 어학원, 토피아 어학원, 아발 론 어학원 모두 마찬가지입니다.

이제는 시야를 개인 학원으로 돌려보겠습니다.

풍부한 자본을 가지고 학원을 시작하면 성공이 보장되나요?

학벌이 좋으면 성공이 보장되나요?

나이가 많으면 성공이 보장되나요?

반대로 나이가 어리면 성공이 보장되나요?

외모가 뛰어나면 성공이 보장되나요?

제가 알기로는 그렇지 않습니다. 1인 학원인 영어 교습소, 영어 공부 방(개인 과외 교습)도 대형 어학원과 충분히 승부를 겨룰 수 있습니다. 흙수저라고 학원 사업 성공에 제약을 받나요? 전혀 그렇지 않습니다. 다른 사업 분야와는 매우 다른 특이한 구조입니다.

왜 그런가요?

교육 사업은 하드웨어 싸움이 아닌 소프트웨어 싸움이기 때문입니다. 오직 자신의 능력이 핵심인 것입니다. 그러니 자기 자신을 부단히 개발해야만 합니다. 자기 자신을 업그레이드하는 것이라면 시간과 자 금을 투자할 수 있어야 합니다. 그것이 경쟁력의 핵심이니까요!

♦

장인(匠人), 베테랑 영어 학원장

장인匠人, 베테랑.
이 단어를 들으면 어떤 느낌이 드시나요?

아마도 대부분의 사람들은 그들을 한 분야에서 특출난 기술과 경험을 축적한 사람으로 인정할 것입니다. 장인이나 베테랑 자신도 스스로 자부심을 가지고 있을 것입니다. 오랜 기간 한 분야에 승부를 건 그분들은 자신의 업무 기간 및 경험에 대한 자부심을 느낍니다.

그런데 학원 업계에서 아주 오래 근무한 분들은 어떨까요? 20년 이상의 강의 경력을 학부모 상담에서 자랑하는 분들이 과연 계실까요?
저는 아마 계시지 않으리라 생각합니다. 오히려 강의 경력을 줄여서 말할 것입니다. 설사 20년 이상이라고 말을 하더라도 부연 설명을 할 것입니다. '제가 아주 어릴 때부터 강의를 시작했어요.' 라고요.

이것은 나이 많은 분들은 환영받지 못하는 학원 업계의 분위기 때문에 그렇습니다. 한 분야에 오랫동안 종사해온 경험이 자부심이 아닌 콤플렉스라니. 내심으로는 자부심이 있을지 모르나 드러내기에는 부담스러운 아이러니한 상황.

하지만 저는 이런 문화가 바뀌기를 바랍니다.

나이를 당당히 말하고 경력을 당당히 말할 수 있는 문화.

그러기 위해서는 우선 '학원 베테랑' 분들의 의식 전환이 필요합니다.

이렇게 말씀하시는 분들을 여러 번 보았습니다.

"내가 이 일을 언제까지 할 수 있을지 모르겠어요."

"제가 나이가 많아서요."

이제 겨우(?) 40대인 분들이 하는 말씀들입니다.

자신을 스스로 나이라는 족쇄에 묶어 버립니다.

이런 말도 많이 합니다.

"그건 젊은 사람들이라 하는 거지."

할 수 있는 일과 할 수 없는 일을 능력이 아닌 나이로 구분해버립니다.

학생들이 나이 많은 분들을 정말 싫어할까요?

물론 맨 처음 봤을 때는 그럴 수 있습니다. 그러나 시간이 조금만 지나면 학생들은 선생님 나이를 의식하지 않습니다. 선생님 성향이 중요해집니다.

다행히 시대는 점점 변하고 있습니다. 60을 넘어서도 강의를 하시는 원장님들을 이제는 드물지 않게 뵐 수 있습니다. 그리고 앞으로는 70세 이후에도 강의하시는 분들을 주위에서 볼 수 있기를 희망합니다.

♦

학원장 성격과 학원 규모와의 관계

학원장의 성격과 학원 규모는 관계가 있을까요?

제가 여기서 말하는 성격은 학원장의 성향과는 다른 개념입니다.

('나는 작은 것이 싫어. 그래서 학원을 크게 할 거야' 하는 것은 학원장의 성향입니다.)

성격을 보면, 원칙을 철저히 지키며 융통성이 부족한 원장님들이 있고, 원칙을 지키되 어느 정도의 융통성을 적절히 활용하는 원장님들이 있습니다.

여기서 잠깐, 자신이 스스로 융통성이 없다고 생각하는 경우는 드물지요. 참으로 어려운 기준입니다. 알아서 객관적으로 판단하시기를.

대형 어학원으로 학원을 성장시키는 분들은 원칙도 확실하지만 사고도 상당히 유연합니다. 감정적인 대응을 최대한 자제합니다. 대형 어학원 원장님들은 이런 격언이 어울리는 사람들입니다.

'바다는 모든 물을 전부 받아들여 바다가 되었다.'

상대방이 실수하고 부족해도 자신만의 기준으로 엄격한 판단을 하지 않습니다. 이런 포용력이 있는 유연한 성격의 원장님이라면 대형 어학원에 도전해 보실 수 있습니다.

반면에 비교적 유연성이 부족한 원장님들은(보통 정의감이 뛰어난 분들) 학원 외형의 확장보다는 내실을 중요시하는 강소 학원이 바람직합니다. 자신만의 주관으로 얼마든지 내실 있게 학원을 운영할 수 있습니다.

어떤 성격이 좋고, 나쁘다고 말하는 것이 아닙니다.
그저 성격을 고려한 학원 규모 결정에 대한 개인 의견 겸 조언입니다.

외식 시장과 같아지는 학원 시장

음식점은 5년 이상 지속되는 경우가 흔치 않다고 합니다. 하지만 그런 중에도 줄을 서서 기다려서 먹어야 하는 대박집이 있습니다.

학원 시장도 이와 비슷해졌다고 봅니다. 학원 수는 지속적으로 증가하고, 학생 수는 줄어들고 있으니 경쟁이 치열해져 외식 시장과 비슷해진 것입니다. 하지만 줄 서서 먹는 음식점이 있는 것처럼 성장하는 학원은 반드시 있습니다. 지역 내에서 탄탄히 자리 잡는 학원들이 있습니다. 음식점으로 비유하자면 대박집입니다

학원 수가 늘어나며 학원 개별적으로는 어려워졌지만, 학원 시장 전체 규모는 커졌습니다. 이 커진 시장에서 탄탄한 입지의 지역 학원이 나오는 것입니다. 한번 주위를 둘러보세요. 아마 대부분 지역에 탄탄한 입지를 구축한 학원이 있으리라 생각합니다.

경쟁이 극심한 레드오션이라는 학원 시장.
그러나 요즘 레드오션 아닌 업종이 있나요?
학원은 그나마 레드오션이 타 업종과 비교해 늦게 온 시장이라고 생각합니다. 쉽지는 않은 일이지만 현재의 어려운 시장 상황에서도 '강한 학원'을 만들 수 있다고 생각합니다.

♦

학원 마케팅 업체

영어 학원을 운영하다 보면 학원 마케팅 업체로부터 연락이 올 수 있습니다. 학원 마케팅 업체란 학원 홍보를 대행하는 업체입니다. 이에 대한 사전 지식이 전혀 없는 원장님이라면 의심을 가질 수 있습니다.

'사기꾼 아닐까?'

그렇다면 학원 마케팅 업체의 정체는 무엇일까요?

사실, 업체라 부르기에 너무나 영세합니다. 보통 1~2인이 업체 인력의 전부입니다. 비용은 일정액의 활동비와 학생 등록 시 첫 달 수강료를 요구합니다. 요구하는 비용이 터무니없이 과도하지는 않습니다.

그러면 이분들은 어떻게 홍보를 할까요?

대부분 학교 앞에서 전단과 홍보 물품을 나누어 주며 홍보를 합니다. 전단과 판촉물은 학원에서 공급해 주어야 합니다. 이 과정에서 학부모 및 학생과 무리한 약속이 발생하기도 합니다.

보통, 학원 마케팅 업체는 신설 학원을 선호합니다. 신설 학원은 마케팅 업체를 활용해서라도 홍보를 하려는 절박함이 있다는 것을 알기 때문입니다. 또한, 기존 학원보다는 신설 학원이 학생 모집이 수월하기도 합니다. 마케팅 업체 입장에서는 수강 등록을 성공시켜야 수입이 늘어나기에 신설 학원을 선호할 수밖에 없습니다. 그래서 학원 마케팅 업체는 기존에 시장이 형성된 지역에는 별 관심이 없습니다. 신도시나 새로운 택지 개발 지구에 관심이 많습니다. 새롭게 입주하는 곳이니 학원 수요가 많기 때문입니다.

그렇다면 효과는 있을까요?

저는 큰 기대는 하지 마시라고 말씀드리고 싶습니다. 마케팅 업체를 통해서 예·체능 학원은 도움을 받을 수 있습니다. 그러나 영어 학원은 전문성이 강해서 마케팅 업체를 통해서는 큰 효과를 거두기 어렵습니다.

힘들지만 영어 학원 홍보는 학원이 직접 해야 합니다. 학생 모집에 어려움을 겪고 있는 학원은 학원 마케팅 업체의 제안에 솔깃할 수 있는데, 저는 추천하고 싶지 않습니다.

영어 공부방에서 어학원으로 확장, 그리고 실패

청주에 있는 영어 공부방 사례입니다.

이 영어 공부방이 과감하게 어학원으로의 확장을 결정했을 때 학생 수는 약 30명 정도였습니다.

확장 이전한 어학원은 규모가 상당히 컸습니다. 실평수가 100평 가까이 된 것으로 기억합니다. 학원 임대료와 학원 관리비는 월 400만 원이 훨씬 넘었습니다. 30명 학생으로는 감당하기 어려운 수준입니다.

영어 프랜차이즈 브랜드도 학원 규모와 어울리지 않습니다. 영어 공부방을 할 때의 영어 프랜차이즈 브랜드를 그대로 가져옵니다. 소형 영어 학원, 영어 교습소, 영어 공부방 브랜드를 어학원으로 확장하면서도 그대로 사용합니다.

어학원이니 학부모의 요구를 충족시키고자 원어민 강사도 채용합니다. 그런데 이 동네가 만만치 않습니다. 최근 청주에서 가장 핫한 곳입니다. 정상 어학원 등 대형 어학원 브랜드들이 모두 포진해 있습니다.

결국, 영어 공부방 운영 시 겪어보지 못한 크나큰 어려움을 겪습니다.

비용에 대한 압박! 이것이 학원장을 짓누릅니다. 돌파구를 찾고자 여러 방법을 활용해 보지만 결국 실패합니다. 따로 저의 의견을 말씀드리지 않아도 학원 확장 실패 사유를 알기 쉽습니다.

생각을 굳히면 이성이 마비됩니다. 이전하기로 마음을 먹고 나니 학원 임대료 등 학원 운영 비용 무서운 것을 생각하지 못합니다.

'뭐 위치 좋은데 학생 한 10명 더 받으면 되는 것 아냐?'

이런 안일한 생각이 오판을 재촉합니다.

과도한 학원 임대료는 강한 영어 학원 만들기의 매우 큰 적입니다. 설사 이를 극복하고 학원을 잘 운영한다 해도 학원장의 마음을 늘 두렵고 무겁게 만드는 결정적인 요소가 됩니다.

♦

영어 공부방에서 어학원으로 확장, 그리고 성공

앞서 영어 공부방에서 어학원으로 확장한 후 큰 어려움을 겪은 학원 사례를 소개했는데, 이번에는 학원 확장 성공 사례입니다.

원장님은 원래 M 브랜드라는 당시 꽤 인기가 높은 프랜차이즈 영어 공부방을 운영하셨습니다. 운영이 상당히 잘 됐습니다. 영어 공부방 원생이 무려 150명. 영어 강사를 4명이나 두고 영어 공부방을 운영했습니다.

네 맞습니다. 불법으로 운영한 것입니다. 결국 담당 교육청에 신고가 들어갔고, 당연히 적발되었습니다. 이럴 경우 선택지는 단 한 가지입니다. 학원으로 나가는 것입니다.

원장님은 마침 인근에 매물로 나와 있던 영어 프랜차이즈 어학원을 인수했습니다. 인수 후 한 번도 겪어보지 못한 어려움을 겪습니다. 예상치 못한 학원 운영 비용이 상당합니다. 공부방에서 학원으로 확장하며 수강료를 인상했는데 이에 대한 반발 등으로 기존의 적지 않은 학생들이 이탈합니다.

그러나 강한 학원장은 위기에서 강합니다. 같은 브랜드의 다른 지역 학원을 방문하여 프로그램과 학원 경영을 철저히 연구합니다. 당시에 가장 유행하였던 학생 평가 시험인 펠트 특강반을 개설하는 등 정규반 이외에 심화반을 늘려 1인당 수강료 액수를 최대한으로 늘립니다. 매주 월요일은 전체 학원 회의를 통해 강사들의 강의력을 향상시키고 학원 경영에 관해 토론을 합니다. 결국 100명 이하로 떨어졌던 학생은 250명까지 늘어났고, 학원이 성장하자 남편도 회사를 퇴직하고 학원에 합류했습니다.

원장님께 제가 받은 인상은 이렇습니다.
'단순히 강의만 잘하는 분이 아니구나!'
원장님은 경영 감각이 상당히 뛰어난 분이었습니다.
모든 것이 전략적이었으며 멘탈적인 부분도 상당히 강했습니다.

강의력만으로는 대형 어학원으로 성장하기 힘들다고 봅니다.
비즈니스 마인드! 이것이 필요합니다. 지금까지 비즈니스 마인드를 교육적 양심에 어긋난다며 저속하다고 비난하는 적지 않은 학원장, 강사분들을 보아왔습니다. 본인도 학원 '사업'을 하면서 비즈니스 마인드를 '너무 상업적이야!'라며 철저히 비하하는 분들.
하지만 학원 사업자 등록증에 나와 있듯이 학원 사업은 교육·서비스업입니다. 학원 사업은 교육적인 마인드와 서비스 마인드가 함께 공존하는 사업 분야인 것입니다.
네, 교육이 먼저 나와 있으니 교육적인 마인드가 더 중요하다는 것에는 동의합니다. 하지만 교육적인 마인드만으로는 메꿀 수 없는 부분이 분명히 존재합니다.

영어 공부방에서 어학원으로의 확장을 계획하고 계신가요?

그렇다면 먼저 자신에게 질문해 보시기를 바랍니다.

'나에게 비즈니스 마인드가 있는가?'

용인 2개 어학원 지속성 비교

개인적으로 지속성을 참 중요하게 생각합니다.
이 '지속성'에 대한 이야기를 해보려고 합니다.

　과거, 제가 영어 프랜차이즈 본사 직원으로 근무할 때 담당했던 두 개의 외국어 학원 이야기입니다. 두 어학원은 원장님의 나이도 비슷했고 서로 인근에 있어 저에게는 좋은 비교 대상이었습니다.

　A 학원은 매우 오래된 건물에서 평균 정도의 인테리어를 한 상태였습니다. 당시 어학원은 평당 100만 원 이상으로 학원 인테리어를 하는 곳이 대부분이었는데 이 학원은 평당 30만 원이 들지 않았다고 했습니다. 대부분은 학원장이 남편과 직접 인테리어를 했습니다. 반면, B 학원은 인테리어가 상급 수준이었습니다.

　두 학원은 학원 운영 방식도 매우 달랐습니다.
　A 학원의 원장님은 학원 인근 지역 초등학교 교사 출신으로 매우 보수적으로 학원을 운영했습니다. 학원 홍보, 이벤트 등 정적인 활동은 거의 하지 않고 수업의 질을 높이는 부분에 집중했습니다. 반면, B 학원 원장님은 학원 홍보에 상당한 시간 및 자금을 투자했습니다. 이벤트도 활발히 진행했고요.

원장님의 성격도 매우 달랐습니다.

A 학원 원장님은 조용조용한 성격, B 학원 원장님은 그야말로 열정이 뿜어져 나오는 성격이었습니다.

교육적인 배경도 달랐습니다.

앞서 말씀드렸듯이 A 학원 원장님은 초등학교 교사 출신이고 B 학원 원장님은 금융업 출신이었습니다. 객관적인 기준으로 교육적인 배경은 A 학원 원장님이 우세합니다.

두 학원 모두 150명 이상의 학생을 확보하고 있었으니 규모 면에서는 두 곳 모두 나름 성공했습니다만, 수익 구조는 A 학원이 월등했습니다. 학원 임대료가 매우 저렴했고 홍보 비용을 거의 쓰지 않았으니 그럴 수밖에 없습니다. B 학원은 학원 임대료 등 학원 운영 비용이 상당했습니다.

어느 학원이 오랫동안 운영을 지속했을 것 같나요?

물론 글로만 판단해야 하니 정확한 판단에는 제약이 있겠습니다만, 글 내용으로만 평가한다면 어느 곳의 손을 들어주시겠어요?

결과는 다음 장에.

♦

용인 2개 어학원 지속성 비교 - 결과

결과를 공개합니다.

학원 사업의 지속성으로만 결과를 평가했음을 알려드립니다.

제가 영어 프랜차이즈 본사 근무 당시, 이 두 어학원에 대해서 사내 신문에 비교 글을 쓴 적이 있습니다. 당시 기고문에 저는 주저 없이 A 학원을 더 높이 평가했었습니다.

이제 두 학원의 이후 결과를 써보고자 합니다. 참고로 두 학원이 설립된 시기는 1995년으로 같습니다. 당시 두 원장님의 나이는 30대 중반(A 학원)과 30대 초반(B 학원).

우선 A 학원부터 말씀드리겠습니다.

A 학원은 2000년경에 약 1억 5천만 원 정도의 학원 권리금으로 매각되었습니다. 이후 원장님은 몇 년간의 공백기 후 인근 지역에 다시 학원을 설립하여 2010년경까지 운영합니다. 그리고 현재는 완전히 학원 업계를 떠나셨다고 근무하던 강사로부터 전해 들었습니다.

이제 B 학원에 대한 내용입니다.

원장님은 영어 유치원의 발전 가능성에 주목하고 조사와 연구를 거쳐 1999년경 영어 유치원으로 학원의 방향을 완전히 변경하고 지역을 석권합니다. 바로 근처에 있던 E 브랜드 학원이 이 학원과의 경쟁에 밀려 학원을 폐쇄할 정도로 상당한 영어 유치원 경쟁력을 갖춥니다. 인근에 2관까지 확장합니다. 거침없이 진군합니다.

그러다 역경에 봉착합니다. 지역 내 영어 유치원에 대한 수요가 급격히 감소하며 경영에 어려움을 겪고 2관을 폐쇄합니다. 대신 규모를 줄여 인근으로 이전하여 초·중등부 영어 전문 학원으로 변신합니다. 제가 글을 쓰는 이 시간 현재까지 원장님은 아직도 학원을 운영 중이십니다. 1995년에 시작한 학원 사업을 아직도, 그것도 같은 지역에서요. 학원 사업의 지속 가능성에 대해서는 결과가 나오지 않았나요?

제가 기고문을 쓸 당시 보지 못한 부분이 있습니다.
그것은 B 학원 원장님의 넘치는 열정이었습니다.
그리고 돌파력이었습니다.
그 중요한 것을 저는 간과했습니다.

실리콘 밸리의 벤처캐피털 회사가 벤처 회사에 투자할 때 살펴보는 항목 중에서 가장 중요하게 여기는 것이 설립자의 열정이라고 하더군요. 지금 당장은 부족하더라도 열정이 있으면 결국은 해낼 수 있다고 보는 것이죠.

미국의 유명 스포츠 에이전트의 말이 다시금 떠오릅니다.
'왜 이렇게 열심히 일합니까?'라는 기자의 질문에 이렇게 대답합니다.
'상어는 절대 잠들지 않는다 (Sharks never sleep)!'

상어는 부레가 없어서 움직이지 않으면 가라앉는다고 합니다. 그러니 계속해서 움직여야만 하는 것입니다.

열정을 갖고 끊임없이 움직이지 않으면 학원 사업도 지속성을 갖추기 어렵습니다. 지금도 열심히 움직이는 성공한 원장님들. 그분들이 더 크게 성공하기 위해 움직일까요?

글쎄요, 저는 그렇게 생각하지 않습니다. 가라앉지 않으려고 움직일 것입니다. 죽지 않으려고.

♦

외로움, 학원장의 친구

다른 업종과 달리 학원 사업은 폐쇄적인 편입니다. 아무래도 지식 사업이기 때문일 것입니다. 특히나 인근 학원과는 거의 교류가 없는 것이 학원인의 거의 공통적인 특징입니다. 다른 업종과 비교해보면 명확합니다.

오랜 기간 학원을 운영해 온 분들은 상처도 그만큼 깊을 수 있습니다.

믿고 의지한 강사가 어느 날 퇴직하며 학생들을 끌고 나가 인근에 학원을 차립니다.

평생 다닐 줄 알았던 아이가 갑자기 사전 연락도 없이 퇴원합니다.

내 편인 줄 알았던 학부모가 내 험담을 하고 다닙니다.

도와주는 줄 알았던 프랜차이즈 본사와 지사장이 교재 매출이 떨어지자 냉랭하게 대합니다.

심지어는 법적인 조항을 들먹이며 협박합니다.

배우자에게 고충을 토로해봐야 전혀 위로받는 느낌이 없습니다.

이런 경험이 쌓이면 사람과의 관계에 경계를 둘 수 있습니다.

모든 결정은 내가 해야 합니다. 하루하루, 순간순간 결정할 것은 왜 이리 많나요? 아는 것을 결정하기도 쉽지 않은데 모르는 것도 결정해야 합니다.

그러니 외롭습니다. 억지로 감정을 통제하고 있으니 감정이 충족되지 못하여 외로움을 느낍니다. 도와줄 사람이 없으니 외롭습니다. 일반 직장인이라면 동료들끼리 수다 떨고 상사 험담하는 재미라도 있지요.

외로움!

그것은 학원장의 숙명입니다.

그러니 차라리 친구로 받아들이세요.

그리고 혼자 있지 마시고 좋은 동료 학원장들을 만나세요.

숨어 있지 말고 나와서 즐기세요.

Take만 하려 하지 말고 Give를 먼저 하세요.

상대방 등에 공짜로 올라탈 생각 말고 내가 업어 주겠다고 생각하세요.

그러한 마음이 결국 나와 내 학원의 경쟁력이 될 것이라 믿습니다.

♦

학원은 생물이다

적지 않은 기간을 학원업에 종사해오면서 저는 이런 결론에 도달했습니다.

'학원은 생물이구나!'

생물은 늘 아프지도 않고 늘 건강하지도 않습니다. 아무리 건강한 생물이라도 아플 때가 있습니다. 우리 학원도 마찬가지입니다. 지금은 아픈 학원이 치료를 받거나 스스로 회복하여 얼마든지 건강해질 수 있습니다.

지금 매우 건강해 보이는 학원도 늘 건강하지는 못합니다. 가끔은 아프기도 합니다. 그러나 건강한 학원은 신속히 회복하는 힘이 있습니다.

얼마 전에 우연히 전직 야구 선수를 만났습니다. 저는 워낙 야구를 좋아해서 이 선수를 모를 수가 없었습니다. 아니, 워낙 유명한 선수였습니다. 다가가서 인사를 했습니다.

"송○○ 선수 아니십니까?"

웃으면서 대답하더군요.

"네 맞습니다, 송○○입니다"

수업이 있어 길게는 대화를 이어가지 못했지만 짧게나마 이런저런 얘기를 나눌 수 있었습니다. 그중에서 제가 송○○ 선수(현재는 코치)에게 한 질문이 있었습니다. 황금 독수리라 불리며 뛰어난 실력을 보여주던 송○○ 선수가 국가 대표로 선발되어 시드니 올림픽에 참가 중 큰 부상을 당하여 중도에 귀국한 일에 관한 것이었습니다.

동메달만 따면 군 면제까지 받을 수 있는 인생의 중요한 기회에서, 송○○ 선수는 부상으로 중도 귀국하며 그 기회를 잃었습니다. 선수로의 복귀가 어려울 정도의 매우 큰 부상이었습니다. 제가 봤을 때는 그 부상 이후 송○○선수가 이전의 화려한 실력을 보여주지 못한 것 같아서 안타까운 마음으로 물은 것이었죠.

저의 물음에 송○○ 선수는 이렇게 답했습니다.

"아닙니다. 저는 그 부상 덕분에 오랫동안 선수 생활을 할 수 있었습니다. 부상 관리의 중요성을 알게 되었기에. 그래서 오히려 감사하게 생각하고 있습니다."

참고로 송○○ 선수는 42세까지 현역으로 활동했습니다.

학원도 아플 때가 있습니다.

당장은 마음먹은 만큼 성과가 없을지 모릅니다.

하지만 더 좋은 미래를 위한 과정이라고 생각하셨으면 합니다.

아픈 부분을 고치고, 운동을 하고, 좋은 것을 먹으며 건강해지면 됩니다.

건강해진 다음에는 관리 잘하시고요.

Chapter 2

학원장 이야기

♦

도전에는 끝이 없다, 논술 학원 출신 원장님

경기도 군포에서 영어 전문 학원을 운영하시는 원장님 이야기입니다. 원래 원장님은 논술 학원을 운영하셨으나 논술 과목의 중요성이 점점 하락한다고 판단하여 영어 학원으로 방향을 전환했습니다. 당시 50대 후반의 적지 않은 나이셨으니 분명 쉽지 않은 결정이었을 것입니다.

처음에는 강의식으로 운영하다가 클래스 구성에 어려움을 겪은 후 랩 스쿨로 전환했는데, 생소한 랩 스쿨 시스템을 이해하기 위하여 원장님은 직접 주니어 랩 스쿨 학원에 등록했습니다. 그리고 하루 2시간씩, 2년을 초등학생과 함께 수강하는 엄청난 준비와 열정을 보여주셨습니다. 이렇게 꾸준히 공부하고 노력한 결과, 영어 강의 경험이 없어 강사에게 전적으로 의존하던 초기의 운영 방식을 벗어나 원장님도 직접 강의하시게 되었습니다.

저는 이 부분이 대단하다고 생각합니다. 적은 나이가 아님에도 기꺼이 변화를 선택하셨고, 랩 스쿨 시스템을 배우기 위해 학생이 되어 초등학생과 함께 강의를 듣고, 직접 강의하기 위해 공부를 하신 것입니다. 물론 아직도 계속 공부하십니다. 지금은 이사를 하시고, 그동안 늘 생각하셨던 영어 원서 공부방으로 제2의 창업을 하셨습니다. 엄청난 성공은 아니지만, 이 정도면 훌륭하다고 생각합니다.

원장님을 뵐 때마다 참 고우시다는 생각이 듭니다. 60대 중반이신데 말씀과 행동, 외모까지 무척 고우십니다. 그리고 무엇보다 끊임없이 도전하고 노력하시는 그 모습이 정말 아름답습니다.

♦

가방 공장 사장님에서 영어 학원 원장님으로

학원장의 출신 배경은 다양합니다. 보통은 강사 출신이 많으나 직접 강의를 하지 않아도 학원 설립이 가능하다 보니 교육과 전혀 무관한 출신 배경의 분들을 흔히 볼 수 있습니다.

제목에서 알려 드렸듯, 이 원장님은 가방 공장 사장님 출신입니다. 꽤 성공적으로 사업체를 운영하셨으나 중국의 저가 공세에 밀려 다른 사업을 알아보던 중 영어 학원 사업에 관심을 갖게 되었고, 그렇게 나이 50이 넘어서 인천에 영어 학원을 개원했습니다. 학원 경험이 없으니 프랜차이즈로 개원했고요.

원장님은 강의를 할 수 없으니 본인이 잘 할 수 있는 것에 집중했습니다.

우선, 모든 강의실에 CCTV를 설치했습니다. 원장님의 학원 업무 대부분이 CCTV를 보는 것입니다. 화면을 보면서 메모하고, 메모하고, 또 메모하고……. 그리고는 본인이 느낀 점을 강사들과 토론합니다. 처음에는 원장님을 약간 무시했던 강사들도 원장님의 적절한 조언을 차츰 받아들이기 시작합니다. 원장님이 강사들을 기본적으로 존중하고 있음을 알게 되었기 때문입니다.

원장님은 프랜차이즈 본사와의 관계도 무척 좋았습니다. 본사 직원들은 스트레스를 받는 일이 있으면 이 원장님을 찾을 정도로 정신적으로 많이 의지했습니다. 직원뿐만 아니라 고위 간부도 원장님을 많이 의지했습니다.

학원은 승승장구했습니다. 개원 후 2년이 안 되어서 원생이 300명을 넘었고 이후에는 분원까지 설립했습니다.

몇 년 전에 원장님 소식을 다시 접했습니다. 제가 간접적으로 알고 있는 분이 인천의 한 학원을 인수했는데 바로 그 학원이 원장님의 분원이었습니다. 아마 그 학원을 마지막으로 은퇴하신 듯합니다. 연세가 70세 가까이 되셨고 아마도 적지 않은 부를 이루셨으리라 생각합니다.

학원장에게 강의가 전부는 아닙니다.
우선 잘 할 수 있는 것에 집중하는 것도 하나의 방법이 됩니다.
비강사 출신 예비 원장님들도 희망을 품으셨으면 합니다.

과욕이 부른 몰락, 대전 원장님

원장님은 보험 회사 출신으로, 학원 경험이 전혀 없었음에도 엄청난 성공을 거둡니다. 전체 학원생은 1,500명 정도였고, 특히 영어 유치원이 매우 강하여 영어 유치원 학생만 500명에 이를 정도였습니다. 영어 유치원 학생 500명은 사실 상상하기 힘든 숫자입니다. 유치원생 수업은 초등학생 수업보다 수업 시간이 길어서 수업 회전율이 떨어져 그만큼 많은 강의실이 필요하기 때문입니다.

'학원 경험이 전혀 없는 보험 회사 출신'이라는 원장님의 경력은 학원 경영에 대단한 강점으로 작용했습니다. 바로, 남다른 서비스 정신이 있었던 것입니다. 원장님은 학생들을 고객으로 여겨 매우 존중했습니다.

당시 영어 유치원의 경우에는 점심 식사를 외부의 위탁업체에 맡기는 것이 일반적이었습니다. 그러나 원장님은 주방 아주머니들을 자체 직원으로 채용하여 최고의 재료로 정성껏 요리를 준비했습니다. 이는 학생을 고객으로 생각한 원장님 철학의 한 부분입니다.

청결에도 무척 신경을 씁니다. 고객의 건강을 위해서입니다. 모든 것이 학생 중심 경영입니다. 이런 정성과 서비스 정신이 결합하여 엄청난 시너지를 냅니다. 그야말로 승승장구.

그러나 그렇게 잘 나가던 학원은 일순간에 몰락했습니다. 피해가 너무 커서 당시 공중파 TV에도 그 피해 사례가 보도되었습니다. 학원장이 수강료를 받은 후 잠적한 것입니다. 도대체 어떻게 된 걸까요?

후에 알려진 내용은 이렇습니다.

학원이 워낙 잘 되면서 학원장은 다른 분야의 사업에 엄청난 금액을 투자합니다. 그런데 이것이 잘못되었고, 이를 감당하지 못한 학원장이 야반도주한 것입니다. 수강료를 선지급한 학부모님들은 그 피해를 본 것이고요. 학원장의 과욕이 부른 참담한 결과입니다.

하지만 과욕 이전의 학생 중심 경영은 충분히 눈여겨볼 가치가 있습니다. 다시 한번 말씀드리지만, 학원은 '교육·서비스업'입니다.

그리고 과욕은 금물입니다.

대강사를 카피하여 대강사로

강남에 있는 정철 어학원은 우리나라 영어 교육의 1세대 학원입니다. 저도 이곳 출신이니 많은 추억과 진한 그리움이 있습니다. 참 재미있는 시절이었습니다. 당시 정철 원장님(이사장님)은 꽤 유명한 분이셨습니다. 유명해진 이유는 간단합니다. 강의를 매우 잘하십니다. 한 타임 수강생이 수백 명을 넘었지요.

그때 정철 원장님과 함께 강의를 하던 강사분이 있었는데 이분의 강의 전략은 간단했습니다.

'정철 선생님의 강의를 카피한다!'

대충 카피하는 수준이 아니라 완전히 카피하는 것입니다. 심지어 농담까지도 카피하는 전략이었습니다. 보통은 이렇게 하지 않습니다. 일부는 카피하고 본인의 강의 방식을 도입하죠. 그런데 이 강사분의 전략은 '완전 카피'입니다. 완전 카피 후, 일정 기간이 지나서 본인의 강의 방식을 적용하겠다는 전략이었습니다.

결과는 대성공이었습니다.

이 강사분 또한 대표 강사로 우뚝 섰습니다.

토플 관련 책도 여러 권 썼습니다.

책도 꽤 판매가 잘 되었습니다.

언론 인터뷰도 상당히 많았습니다.

수강생은 보통 한 타임에 100명이 넘었습니다.

강의실이 꽉 찼습니다.

여기서 교훈을 얻습니다.

어설프게 따라 하기보다는 아예 똑같이 따라 하자!

어설픈 나의 강의 방식은 일단 도입하지 말자!

그리고 시기가 오면 그때 나의 강의 방식을 도입하자!

이러한 강의 카피 전략은 초보 강사분들에게 잘 적용될 수 있을 듯
합니다. 나만의 방식도 좋지만, 때로는 모범 답안을 따라 해 보는 것도
도움이 됩니다.

인품도 경쟁력이다, 안성 원장님

원장님은 처음 뵈었을 때도 연세가 많으셨습니다.

학원은 안성의 한 재래식 시장 안에 있었고 학원 건물이 상당히 낡았었습니다. 2개 층을 사용하고 있었는데 워낙 오래된 건물이어서 임대료는 상당히 저렴했습니다. 제 기억으로 1997년 당시 한 층당 월 임대료가 30만 원. 화장실도 좌변식이 아닐 정도로 환경이 열악했습니다. 평균 학생 수는 150~180명 정도로 꽤 많았습니다. 임대료가 저렴하고 차량 운행도 하지 않으니 수익률은 상당히 높았습니다.

저는 이 학원의 특별함을 찾을 수 없었습니다. 시설부터 학원 운영까지 별다른 차별점을 찾기 어려웠습니다. 원장님이 열정적으로 학원을 운영하는 것처럼 보이지도 않았습니다. 수영 등 취미 생활도 다 하셨습니다. 학원 버스를 운영하면 아이들은 더 오겠지만 골치 아파서 안 하신다고 했습니다. 홍보도 거의 하지 않으셨습니다. 학생 모집에 그리 큰 신경을 쓰지 않으셨습니다. 그래도 아이들은 늘 많았습니다. 이유가 무엇일까요?

저는 원장님의 인품에 주목하기 시작했습니다.

원장님은 학원을 방문하는 모든 사람을 따뜻하게 대해 줍니다. 제가 학원을 방문하는 때도 반드시 원장님과 점심을 함께 해야지, 혹시라도 점심을 먼저 먹고 방문하면 몹시 섭섭해하십니다. 앞으로는 절대로 먹고 오지 말라고 다짐을 받으십니다. 이 학원을 방문할 때마다 저는 마음이 편했습니다. 아마 대부분의 사람들이 저와 같이 느꼈을 것 같습니다.

원장님 학원은 강사들이 거의 바뀌지 않습니다.

대부분이 5년 이상 근무합니다.

강사 급여는 고정급에 인센티브를 적용하여 학생이 많을수록 급여가 늘어나게 합니다.

담임을 맡으면 별도로 수당을 지급합니다.

강사 의견을 대부분 수용하지만, 프랜차이즈 본사의 강사 교육 참가 등 원칙은 철저히 지킵니다. 예외 없이 전원 참가시킵니다.

학생들을 절대로 야단치지 않습니다.

할아버지가 손자를 대하듯 하십니다.

이외에는 특별한 경영 노하우를 저는 찾지 못했습니다.

그래서 생각합니다.

'원장님의 훌륭한 인품이 가장 강한 경쟁력이 아닐까?'

학원도 사업이다, 봉천동 영어 유치원 원장님

봉천동 원장님은 교육 업계 재벌이라고 말씀드릴 수 있습니다. 유치원과 영어 유치원을 함께 운영하셔서 정확히 말씀드리면 원장이 아니고 이사장입니다만, 편의상 원장님이라고 호칭을 붙이겠습니다.

원장님은 오랫동안 일반 유치원을 잘 운영해 왔었습니다. 그러나 국내 유치원들은 2000년대 들어서면서 큰 위기를 겪게 됩니다. 2000년대 이전까지 큰 어려움 없이 운영되던 유치원에 심각한 타격을 입힌 존재, 바로 영어 유치원이 등장했기 때문입니다. 영어 유치원이 급격히 성장하면서 일반 유치원 경영이 급속도로 악화됩니다. 지금이야 이러한 균형이 다시 역전되었지만, 당시에는 일반 유치원의 위기가 심각했습니다.

원장님도 이러한 상황에 위기의식을 느끼고 방법을 찾아냅니다. 일반 유치원의 남는 공간을 활용하여 외국어 학원 인가를 내고 외국어 학원까지 개원한 것입니다. 인가 문제는 일반 유치원과 영어 유치원의 출입구를 별도로 설치하여 간단히 해결했습니다.

이후 상당한 경쟁력을 확보합니다. 바로 일반 유치원 아이들에게 방과 후 수업이라는 형태로 추가로 영어를 수강하게 한 것입니다. 이러한 전략은 엄청난 시너지 효과를 만들어냈습니다. 일반 유치원과 영어 유치원이 모두 잘된 것입니다.

당시, 원장님의 조카가 영어 유치원에서 근무했었는데 원장님 재산이 어마어마하다고 말해주더군요. 유치원 부동산 가치만 해도 엄청나고, 의정부 등 여러 지역에 부동산을 소유하고 계신다고 했습니다. 원어민 강사를 위한 숙소도 임대가 아니라 근처 아파트를 몇 채 사서 마련해 주었습니다.

원장님은 몇 가지 큰 원칙을 가지고 원을 운영하였습니다.

우선, 모든 직원이 정규직입니다. 차량을 운전하는 기사 분들은 보통 지입으로 위탁 계약하는 경우가 많지만 이곳은 모두 정직원입니다. 주방 아주머니들도 모두 정규직입니다. 외부에 절대로 음식을 맡기지 않습니다. 그리고 학부모들에게도 정성을 다합니다.

그런데, 외부 관련자들에게는 상당히 쌀쌀맞습니다. 저를 포함해서요. 심지어는 원 운영에 대한 도움을 청하는 동료 유치원 원장님들에게도 다시는 문의하기 싫을 정도로 쌀쌀맞게 응대합니다. 즉, 원장님은 내부 인력에게는 정성을 다하고, 외부인들은 차갑게 대하는 원칙이 있습니다.

제가 처음 이 원장님을 만났을 때, 오랜 기간 유치원을 운영하셨다고 들어서 처음부터 유치원을 운영한 걸로 알고 있었는데 원래는 여성 관련 물품 회사를 운영하셨다고 하더군요. 그 일을 하게 된 계기도 매우 특이했습니다. 당시 가정주부였던 원장님이 어느 날 길을 걷고 있었는데 저만치에 무언가 떨어져 있었답니다. 그때, 이 물건(여성 전용 물품이었는데 저는 들어도 뭔지 모르는 물건)을 개조해서 팔면 대박이 나겠다고 생각하고 직접 공장을 설립하여 제품을 생산해서 큰돈을 벌었습니다.

그렇게 사업을 잘 성장시키다가 중국의 저가 제품이 국내에 들어오자 신속히 사업을 정리하고 유치원을 시작했다고 합니다. 원장 자격이 되지 않아 이사장으로 시작했고, 원장은 고용했습니다. 이후 전문성을 갖추기 위해 방송통신대에서 유아 교육을 공부하고, 저서도 여러 권 내셨습니다. 원장님의 사업가적 기질이 보이지 않나요? 길을 걸어가다 사업 아이템을 발견하여 이를 성공시켰고 하향세를 재빠르게 파악하여 유치원을 개원하고 다시 영어 유치원을 접목한 것입니다.

영어 학원도 '사업'입니다.

업계의 흐름을 보는 눈과 고객에게 정성을 다하는 자세는 학원 경영에도 반드시 도움이 되리라 생각합니다.

♦

학원계의 이단아, 압구정 원장님

압구정동에서 크게 성공하신 원장님 이야기입니다.

이 원장님은 강남역 근처에 있던 E 어학원에서 상당히 잘나가던 토플 전문 강사 출신으로, 1990년 말경에 독립했습니다. 당시의 성인 어학원은 백화점식의 프로그램을 운영하고 있었습니다. 회화, 리스닝, 시험 대비 등 모든 과정을 강의한 것입니다. 당시 파고다, YBM 시사, 정철, 민병철 어학원 등 유명 어학원이 모두 그렇게 운영되고 있었고, 이익훈 어학원 정도만이 청취 분야에 전문성을 둔 정도였습니다.

원장님은 당시로서는 파격적인, 토플만 강의하는 전문 어학원을 개원했습니다. 상당히 위험한 발상일 수 있었으나 과감히 추진했습니다. 그리고 학원의 개념을 완전히 바꿉니다. 당시의 성인 어학원은 단순히 수업만 듣고 가는 형태였으나 이 어학원은 별도로 자습실을 만들고 학원 내에 카페도 만들어 놓은 것입니다. 주요 수강 층이었던 대학생들이 수업도 듣고 자습도 하고 차도 마실 수 있는 일종의 문화 공간으로 학원의 개념을 바꾸었습니다. 학원 내 카페 이름도 '무릉도원'. 무척 특이하죠?

지금은 충분히 이해되는 콘셉트지만 당시에는 파격적인 것이었습니다. 그래서 원장님은 학원계의 이단아라 불리기도 했습니다(원장님은 이런 말을 듣는 것을 즐긴 듯합니다). 이외에도 여러 가지 요소들이 매우 독특했습니다. 차별화 전략이었을 겁니다.

역시나 학원은 승승장구했고 우리나라의 대표적인 시험 대비 전문 어학원으로 급성장합니다. 톡톡 튀는 아이디어와 과감한 추진력으로 큰 성공을 거둔 것이죠.

♦
초심을 잃은 용인 원장님

10년간 미국에서 거주하다 한국으로 돌아와서 어학원 사업을 시작한 원장님에 관한 이야기입니다.

영어는 잘하지만 학원 운영 경험이 없던 원장님은 프랜차이즈 계약을 했습니다. 분당에 본사를 둔 영어 프랜차이즈였는데, 본사에서 학원 규모를 대단히 강조하여 200평의 큰 규모로 시작하였고, 인테리어에도 상당한 자금을 투자했으며, 가맹비만 5,000만 원을 냈습니다.

그런데 오픈 후 얼마 되지 않아 본사가 부도가 나서 없어졌습니다. 막대한 투자를 했는데 설상가상으로 운영도 잘되지 않아 계속 적자가 나는, 너무나도 어려운 상황에 봉착합니다.

절망에 빠진 원장님은 대치동에서 매우 성공한 한 학원의 원장님을 찾아갔습니다. 그리고 절박한 사정을 말씀드리고 도움을 요청했습니다. 대치동 학원의 교재를 공급해 달라는 부탁이었습니다. 그런데 이 대치동 원장님이 참 마음이 따뜻한 분입니다.(지금은 대형 어학원 프랜차이즈 오너입니다.) 딱한 사정을 들은 대치동 원장님은 이 부탁을 들어주었습니다.

교재를 공급받는 특혜를 받은 원장님은 이를 홍보에 적극적으로 활용합니다. 대치동 △△ 어학원으로부터 교재를 직접 공급받아 학원을 운영한다고 말입니다. 참고로 당시 대치동 원장님은 프랜차이즈 사업을 하지 않을 때였습니다.

아무튼 교재에 대한 홍보가 효과를 발휘해서 학원은 눈부시게 성장합니다. 지역 내에서 가장 큰 학원으로 성장했죠.

그런데, 학원이 성장하면서 원장님이 눈에 띄게 거만해져 갑니다. 학부모들마저 경시합니다. 요구 사항은 무시하기 일쑤입니다. 제가 아는 학원 관계자가 비즈니스 협상 문제로 이 원장님을 면담한 적이 있는데, 너무나도 거만해서 대화하기 힘들었다는 고충을 전하기도 하더군요.

학원은 빠르게 무너지기 시작했고 결국은 문을 닫았습니다. 후에 들리는 얘기로는 영어 프랜차이즈 지사를 하면서 작게 학원을 운영한다고 했습니다. 그리고 지금은 전혀 소식을 들을 수 없습니다. 초창기에는 겸손하고 신뢰가 가서 많은 학부모가 믿고 아이들을 맡겼는데 초심을 잃으니 모든 것을 잃게 되었습니다.

역시, 모든 일이 비슷한 듯합니다.
성공하기보다 성공을 지속하기가 더 어렵습니다.
훨씬 어렵습니다.

◆

브랜드 유목민, 대구 원장님

대구 원장님은 영어 학원 운영의 베테랑으로, 학생 수 200명 정도를 유지하고 있습니다. 이 원장님의 특징은 프랜차이즈 브랜드를 자주 바꾼다는 것입니다. 보통 프랜차이즈를 하면 같은 브랜드를 오래도록 유지하거나 일정 기간이 지난 후 개인 브랜드로 전환하는 경우가 일반적인데, 대구 원장님의 경우는 매우 특이합니다. 제가 알고 있는 것만 해도 네 번이나 브랜드를 전환했습니다.

이런 경우 저는 의문이 듭니다. 다른 건 몰라도 '학부모에게 어떻게 설명하나? 잦은 브랜드 변경은 학부모들의 염려와 불신을 초래하지 않을까?' 하는 의문입니다. 하지만 이에 대한 원장님의 생각은 확고합니다.

'브랜드 교체는 모두 학생을 위한 것이다!'

브랜드를 교체하면 비용이 발생합니다. 가맹비, 간판 제작비 등 적지 않습니다. 원장님은 이 모든 비용을 학생을 위한 투자라고 생각한다는 것입니다. 영어 환경은 시시각각 변하고 이에 대응하기 위하여 수시로 브랜드를 교체한다는 설명입니다. 그리고 앞으로도 학생들을 위한 좋은 브랜드가 나오면 또다시 교체하겠다고 학부모님들에게 강력히 주장합니다. 학생들을 위한 브랜드 교체라는데 누가 이의를 제기하겠습니까? 추가적인 비용을 감수하면서까지 교체하시는걸요.

다만, 원장님은 브랜드를 전환하더라도 랩 스쿨 형태만 고집합니다. 콘텐츠는 계속 바뀌어도 시스템은 그대로 유지하겠다는 의미입니다.

원장님의 속생각이 어떤 것인지는 몰라도 충분히 설득력이 있습니다. 학원이 여전히 잘되고 있으니 저에게만 설득력 있게 들리는 것이 아니라 학부모들도 납득하는 것이 분명합니다. 아니면 오히려 더욱 원장님을 신뢰하는 계기가 될 수도 있습니다.

어쩌면 이런 방식은 프랜차이즈 학원 운영의 새로운 방향 제시일 수도 있겠습니다.

◆
24시간 학원만 생각하는 송탄 원장님

송탄 원장님은 대학교만 서울에서 다닌 송탄 토박이라고 했습니다. 현재 상황은 잘 모르겠지만, 과거에 원장님의 학원은 송탄에서 꽤 유명했습니다. 택시를 타고 '□□ 학원이요'라고 말하면 바로 택시 기사분이 데려다줄 정도로 지역에서 유명했습니다.

전 과목을 가르치는 학원이었는데 영어 수강생만 1,000명이 넘었습니다. 송탄은 미군 부대가 있어서 미군 부인들이 하는 외국인 과외가 많아 영어 학원이 자리 잡기 힘든 환경인데, 영어 수강생만 1,000명 이상이라니 정말 대단하지 않나요?

이 원장님의 학원 운영에는 몇 가지 중요한 요소가 있었습니다.
첫째는 파닉스 프로그램에 대한 자부심입니다. 학원에서 자체적으로 만든 파닉스 프로그램이 웬만한 프랜차이즈 본사에서 제공하는 프로그램보다 낫다는 강한 자부심이었습니다.
학원을 운영하는 정신도 남달랐는데, 원장님은 24시간을 오직 학원만 생각한다고 했습니다. 자신의 몸을 완전히 학원 운영에 던진 것입니다.
본사 교육에 대한 중요성도 매우 강조했습니다. 원장님은 프랜차이즈 본사 교육에 학원의 모든 강사를 데리고 가서 적극적으로 참여하였습니다. 원장님이 본사보다 학원 경영을 몰라서가 절대 아닙니다. 교육을 받으면서 영감을 얻고, 본인의 학원에 적용할 아이디어를 얻기 위한 것입니다. 교육 후에는 반드시 참석한 강사들과 교육 내용에 관해 토론을 하고, 그 결과를 자신의 학원에 적용했습니다.

원장님의 말씀이 귀에 생생합니다.
"나는 24시간 학원만 생각합니다."

◆

정성으로 가르치셨던 고색동 원장님

원장님은 수원 고색동에서 부인(부원장님)과 함께 아주 작게 속셈 학원을 운영하다 학원이 잘되어 보습 학원으로 확장을 하였습니다. 원장님의 학원 운영 전략은 매우 간단했습니다.

'정성을 다해 아이들을 가르치자!'

학원 홍보 방법도 매우 간단했습니다. 당시에는 전단 제작 업체를 통해 학원 전단을 제작하고 이를 신문에 끼워 배포하는 경우가 일반적이었는데, 원장님은 도화지에 직접 정성껏 학원 홍보 문구를 적어 길가의 전봇대 등에 부착하는 것이 전부였습니다. 부원장님은 원장님의 이런 학원 홍보 방식이 구식이라며 그리 신뢰하지 못하는 눈치이긴 했습니다.

하지만 그런 중에도 학원은 계속 성장해서 100평 규모로 추가 확장을 했습니다. 원장님 부부는 곧 부자가 될 것 같다며 좋아하셨습니다.

그런데, 어느 날 청천벽력 같은 소식이 전해집니다. 원장님이 갑자기 암으로 사망하신 겁니다. 이후 학원을 방문하여 부인이신 부원장님을 뵈었는데, 원장님이 과거에 학원 홍보를 위해 도화지를 붙이던 것을 말씀하시며 우시더군요. 그리도 끔찍이 학생을 우선으로 생각했던 남편의 학원 운영 방침도 이제야 이해가 된다며 너무나 슬프게 우셨

습니다. 원장님은 학생을 돈으로 보지 않고 정성으로 지도했다고 하시
면서요.

글을 쓰면서 또 잊어버릴 뻔한 교훈을 새기게 됩니다.
학생은 정성으로 가르쳐야 한다는 것을.
고색동 원장님은 이제 안 계시지만, 그 정성은 아마 학생들에게 잘
전달되어 오랫동안 남을 겁니다.

학원 운영에도 전략이 필요하다! 시흥 원장님

경기도 시흥에서 공부방을 운영하던 원장님은 인근 외국어 학원을 인수했습니다. 보통 영어 공부방을 운영하다가 큰 규모의 학원으로 확장을 하면 처음에 상당히 고전하는 경우가 많습니다. 우선은 학원 지출에 충격을 받습니다. 임대료와 관리비, 예상하지 못한 잡비까지…….

학부모들의 인식에 충격을 받기도 합니다. 아무래도 학원은 공부방이나 개인 교습소에 비해 학원 쇼핑도 많고 상업적으로 대하는 학부모들이 많을 수 있는데 이에 대한 적응이 되지 않아 고충을 느끼는 것이죠. 그러나 시흥 원장님은 외국어 학원으로 확장을 해서도 능력을 확실히 보여주며 성공을 거두었습니다.

그런 원장님의 학원 운영 전략 중 인상적인 것을 듣게 되었습니다.

"저는 학생 수가 늘어나기만을 기다리지 않습니다."

이어 부연 설명을 하셨습니다.

"학생 한 명당 매출을 늘리는 전략이 필요합니다. 유치원을 보세요. 유치원은 정규 수업보다 방과 후 수업에서 큰 수익을 내고 있습니다. 그래서 저는 정규 수업 외에 다른 특강을 많이 운영하여 1인당 매출액을 늘리는 전략으로 학원을 운영하고 있습니다. 우리 학원은 펠트 대비반, 리딩반, 스피킹반 등의 특강반을 상시 운영하고 있습니다."

특강반은 정규반보다 수강료가 저렴했지만, 시간당 수강료를 계산하면 훨씬 비쌌습니다. 한마디로 수익률이 좋은 것입니다.

저는 원장님께 이런 질문을 던졌습니다.
"다른 학원들은 특강반을 무료로 운영하기도 하는데요?"
이에 원장님의 대답은 단호했습니다.
"강의에 무료가 어디 있나요? 유료로 하고 그에 상응하는 질 좋은 강의를 제공하는 것이 더 좋은 것 아닌가요? 우리는 공짜가 없습니다!"

꽤 오래전 이야기입니다. 한 15년 전일 겁니다. 그런데 시간이 꽤 흐른 지금도 원장님의 전략이 생각납니다. 그리고 그 말씀이 기억납니다.
"학생 수 늘기만을 기다린다고요?"

열정 만렙, 불도저 원장님

원장님을 처음 본 것은 1996년, 그 당시 제가 소속되어 있던 회사의 프랜차이즈 사업 설명회장에서였습니다. 그때의 눈빛이 매우 강렬해서 지금도 선명히 기억이 납니다. 저와 가맹 상담을 하는데 눈에서 빛이 날 정도였죠. 연신 고개를 끄덕이며 공감을 표하셨습니다. 그리고는 소식이 없다가, 약 한 달 뒤에 가맹 신청이 들어왔습니다. 그러나 원장님이 개설을 원하는 위치가 이미 개설된 인근 학원과 너무 가까워 개설이 불가능하다는 입장을 전달했습니다.

그런데 며칠 후, 원장님이 본사를 방문해서 학원 개설을 강력히 요구했습니다. 개설해 주지 않으면 이사장님 차 앞에 드러눕겠다고 하면서요. 완전 '무대뽀' 정신이지요. 그러나 기존 학원의 구역권 보호를 위해 다른 지역을 소개하였습니다.

저는 사실, 원장님과 인연이 되기는 어려울 것으로 판단했습니다. 원장님이 그 지역을 요구했던 이유는 본인이 무려 10년 동안 학원을 운영했던 지역이기 때문에 다른 지역에 학원을 개설하려면 기존 학생 등 모든 것을 포기해야 했습니다. 학원 이전은 현실적으로 어려웠지요.

그런데, 이 원장님! 고민 끝에 과감히 기존의 학원을 매각하고 전격 이전하였습니다. 정확히 말하면 기존 학원은 폐원하고 새로운 지역에 학원을 신설했습니다. 학원을 개설한 지역은 상당히 낙후된 지역이었습니다. 그 지역을 잘 아는 원장님 입장에서 전혀 고려할만한 곳이 아니었지만, 과감히 결단을 내린 것입니다.

그렇게 개원했는데 1년 동안 고전에 고전을 거듭했습니다. 상심과 좌절감이 몰려왔습니다. 그리고 조금 나아지다가, 이번엔 IMF.

하지만, 정말로 엄청난 열정과 노력으로 원장님은 결국 성공하셨습니다. 40평대 아파트를 장만하고, 경기도 화성에 토지를 구매하고, 현재의 학원(120평)을 분양받는 등 적지 않은 재산을 벌어들였습니다. 어떻게 이런 일이 가능했을까요?

간단히 이 원장님의 특징 및 성공 요인을 파악해 보겠습니다.

1) 열정과 추진력

당시 외부 경시대회라는 개념조차 희박했을 때, 서울의 한 대학교 총장을 면담하고 경시대회 주최 자격을 인정받아 오시더군요. 이 경시대회에 자신의 학원 학생들을 출전시켜 합격증을 받을 수 있게 지도하였고, 이는 학원 홍보에 결정적인 영향을 주었습니다. 돌파구를 찾아내는 열정과 실천에 옮기는 추진력이 대단한 분이지요.(물론, 예전이라 가능한 일이었을 것입니다.)

2) 변화에 신속히 대응

영어 학원 하기 전에는 속셈 학원을 운영하셨는데 상당히 잘되었습니다. 그러나 원장님은 속셈 학원 시장의 퇴보, 영어 학원 시장의 확장 가능성을 예상하고, 기존의 사업을 과감히 접었습니다.

3) 상담 능력

자신감에서 상담 능력이 나옵니다. 사실, 외모만 보면 호감을 주기는 어렵습니다. 나이도 많으시고 머리숱도 많이 없으시고. 하지만 학부모들이 상담하고 바로 등록하지 않으면 원장님은 뒤에서 호기롭게 외칩니다. '어머니, 후회하실 겁니다!'라고. 실력에 대한 자신감이 있기 때문에 당당하게 상담하는 것입니다. 그러나 절대로 과장이나 호언은 하지 않습니다. 그동안의 학습 결과 내에서만 상담합니다.

4) 생활의 단순화

집과 학원만 오고 갑니다. 집도 학원에서 걸어서 5분 거리. 다른 학원장과의 교류도 거의 없습니다.

한 번 이거다 싶으면 물불을 안 가리고 엄청난 추진력을 발휘하시던 원장님. 지금은 은퇴하셨지만, 그 열정은 아마 여전하실 것 같습니다.

♦

사랑으로 지도합니다, 안산의 부부 원장님

몇 년 전, 안산 외곽에 있는 학원을 방문했습니다. 당시 그 지역은 상당히 낙후된 곳이었습니다. 방문한 학원 근처에도 대단지 아파트는 없었고 작은 빌라촌만 자리 잡고 있었습니다. 학원은 1층에 있었으며 전과목을 강의하는 보습 학원이었습니다. 학원 시설은 정말로 겸손(?)했습니다.

하지만 원장님 부부를 뵈니 첫눈에 좋은 인상이 느껴졌습니다. 부부가 독실한 기독교 신자였는데 학생들을 사랑으로 지도하는 모습이 매우 인상적이었습니다. 학교와 인근 학원에서 포기한 아이들이 이 학원에 오면 순한 양이 된다고 했습니다.

당시 부인이신 부원장님은 병을 앓고 있다고 하셨습니다. 병이 심각해서 언제까지 살 수 있을지 모른다고 저에게 말씀하시더군요. 그러면서 살아있는 동안은 아이들을 사랑으로 지도하겠다고 했습니다. 어쩜 부부가 그리 똑같은 생각과 외모를 가지고 계시던지. 사랑하는 부부는 닮는다고 들은 것 같은데 그 말이 맞나 봅니다.

학원은 특별한 것이 전혀 없었습니다. 인테리어며 시설도 낡았고 커리큘럼도 특별한 것이 없었습니다. 책·걸상도 모두 낡은. '옛날 시골 학원이 이런 모습이 아닐까?' 하는 생각이 들 정도였습니다. 당시의 생각은 그랬습니다.

그러나 달리 생각해보면 그 학원은 무척 특별한 학원이었습니다.

세상에서 외면당해 상처받은 아이들을 보듬어 주는 특별한 학원.

한두 달은 해도 지속적으로는 하기 힘들 텐데 말입니다.

어쩌면 제가 봐온 학원 중 가장 특별한 능력을 갖춘 학원인 것 같습니다.

편찮으셨던 부원장님의 근황이 궁금하네요.

아마 다 나으셔서 지금도 아이들을 사랑으로 지도하고 계시겠죠?

저니맨 수학 원장님

야구에서 저니맨이란, 한 팀에 있지 못하고 여기저기 팀을 옮겨 다니는 선수를 의미합니다. 제가 아는 수학 원장님 중에 이런 저니맨의 삶을 사는 분이 계십니다. 원장님이 처음 학원을 하시던 곳은 경기도 성남입니다. 1994년경에 동업으로 시작했고, 학원은 잘 되는 편이었습니다. 그러나 동업 관계에 문제가 발생하며 지분을 정리하고 경기도 용인에 영·수 전문 학원을 개원합니다.

대박이 났습니다. 40평 규모의 학원에 1년 만에 300명의 학생이 모집됐습니다. 그러나 곧 한계가 드러납니다. 갑자기 늘어난 300명을 원장님이 감당하지 못한 것입니다. 학원 관리 소홀이 심각한 수준이었습니다. 학부모의 항의 등 학원이 엄청난 혼란에 빠집니다. 결국, 학원을 매각합니다.

학원 매각 후 원장님이 저를 찾았습니다. 당시 저는 원장님의 학원과 그리 멀지 않은 곳에서 영어 교습소를 운영 중이었습니다. 원장님은 저에게 교습소라는 시스템에 대해 상세히 물어보시고 이후 제가 운영하는 영어 교습소 인근에 수학 교습소를 개원하셨습니다. 학원 운영 수완이 원체 좋으셔서 금방 40명 정도의 학생을 모았습니다. 6개월도 안 된 교습소에 대단한 성과입니다.

그런데 사건이 발생합니다. 누군가 교육청에 투서해서 벌금이 부과되는 일이 발생했습니다. 교습소 허가증을 게시하지 않아 벌금이 부과된 것입니다. 다혈질인 원장님의 분노가 대단했습니다. 원장님은 인근 수학 학원장을 의심했습니다. 그러면서 이런 동네에서는 학원 못하겠다며 홀연히 사라지시곤 소식이 끊겼습니다.

1년 후에 원장님께 전화가 왔습니다. 경기도 의정부에서 수학 공부방(개인 과외 교습)을 하고 있다고 하더군요. 그리고는 또 소식이 끊겼다가, 얼마 후 다시 소식이 전해졌습니다. 아무래도 남자가 집에서 수학 공부방을 운영하니 여학생 모집에 단점이 많아 학원을 개원한다고 하시더군요.

새로 개원한 학원은 그런대로 운영이 되었는데, 이번에는 다른 큰 문제가 발생합니다. 학원 건물이 경매로 넘어간 것입니다. 원장님은 월세를 안내며 버텼지만 결국 임대 보증금 대부분을 날렸습니다. 원장님은 지긋지긋하다면서 학원 업계를 떠나겠다고 하셨습니다. 그리고 연락 두절.

그리고 몇 년 후, 다시 연락이 왔습니다. 경기도 양주라고 합니다. 영수 전문 학원을 개원했다고 하셨습니다. '학원 업계를 떠나려고 했는데 하던 짓이 학원 일이라'라면서요. 하지만 이 학원도 오래가지 못했습니다. 이후 원장님은 서울에 의류 가게를 오픈하셨다고 했습니다. 지금도 하고 계실지는 모르겠습니다.

학원이 2~3년 성공할 수는 있습니다. 그러나 지속적인 경쟁력을 유지하는 것은 소수의 뛰어난 학원만이 가능합니다. 그런 영어 학원이 강한 영어 학원입니다.

◆ 동네 논술 학원의 경쟁력

저는 주거하는 집에서 개인 과외 교습, 즉, 흔히 말하는 공부방을 그룹 과외 형태로 운영하고 있습니다. 공부방 운영을 하면서 인근에 있는 인상적인 학원을 접하게 되었습니다.

저에게 영어를 배우는 아이들 중 상당수가 같은 논술 학원에 다니고 있었는데, 그 논술 학원에는 5년 이상 다니는 아이들이 많더군요. 초등학생 때부터 다닌 학생들이 고등학생이 되어서도 다니는 경우가 흔했습니다. 아이들을 통해서 듣기로는 수강생도 상당히 많았습니다.

저는 궁금해졌습니다. 이 학원의 강점이 도대체 무엇일까?

직접 원장님을 만나본 적은 없으나, 그 학원에 다니던 제 아들을 포함한 여러 학생들로부터 몇 가지 이야기를 들을 수 있었습니다.

이 학원은 논술 학원이니 당연히 국어도 봐줍니다. 그리고 시험 기간에는 무료로 역사와 세계사도 강의합니다. 모두 원장님이 직접 강의하십니다.

무엇보다 제가 보는 큰 경쟁력 중의 하나는 원장님이 입시 전문가라는 것입니다. 특목고, 자사고 입시부터 대입까지 상당한 전문 지식을 갖추고 있으며, 자기소개서 작성에 대한 노하우도 상당하다고 들었습니다. 그래서 동네 학부모님들이 입시 제도에 대해서 많은 자문을 구합니다. 한번은 제가 가르치는 학생 중 한 명이 자사고에 입학했는데, 그때 이 원장님이 자기소개서를 봐주셨다고 하더군요.

그리고 무척 특이한 클래스가 있는데 바로 아침반입니다. 아이들 등교 전, 아침에 1시간짜리 국어 수업을 진행합니다. 비용은 무료입니다. 무료라서 그런지 오히려 참가하는 학생이 많지는 않다고 하더군요. 그래도 원장님이 어떤 방식으로 학원을 운영하는지 짐작이 가는 부분입니다.

간접적으로 접한 원장님이지만, 저는 이런 생각이 듭니다.
'원장님은 자신을 스스로 진화시켰구나.
논술에서 국어, 역사, 그리고 입시 지식까지!'

이 원장님에게서는 살아남은 강한 자의 모습이 보입니다.

♦

변화에 나이는 중요하지 않다! 아산 원장님

학원을 운영하시는 분들의 걱정 중 하나가 '내가 언제까지 학원 사업을 할 수 있을까?'입니다. 단순히 학원업을 유지하는 것이 중요한 것이 아니고 잘해야 하지요. 이에 대한 표본을 제시해주는 원장님이 충남 아산에 계십니다. 연세가 60대 중반인 것으로 알고 있습니다.

원장님은 피아노 학원과 전 과목 보습 학원, 그리고 영어 학원을 본인의 건물에서 동시에 운영하고 계십니다. 건물 전체 주인은 아니고, 2개 층을 소유하고 계십니다. 원래는 피아노 학원과 보습 학원을 운영하던 중, 영어 전문 학원에 대한 필요성을 느껴 프랜차이즈 계약으로 영어 과목을 추가한 것입니다.

이 학원에 다니는 대부분의 아이들은 피아노, 보습 그리고 영어 과목을 전부 수강합니다. 원장님의 강력한 카리스마와 전 과목 수강 시 주어지는 할인 혜택으로 인해 전부 수강하는 것입니다.

게다가 원장님은 굉장히 엄격한 분이셔서 학생 관리가 매우 철저합니다. 과거에는 매도 서슴지 않고 들었다 합니다. 그래도 성적이 오르고, 학부모들도 인성 교육이라고 인정하여 많은 학생이 모였습니다.

그렇게 한동안 거의 무풍지대로 순항하던 원장님에게 강력한 경쟁자가 등장합니다. 브랜드 영어 전문 학원이 인근에 개원한 것입니다.

완전히 다른 콘셉트의 영어 전문 학원이 등장하면서 이 학원의 많은 아이들이 새로 등장한 학원으로 옮겨갑니다. 새롭게 개원한 영어 학원은 학생들을 즐겁게 해주는 학원이었습니다.

시대가 바뀌어 아이들이 싫다 하면 엄마들이 어쩌지 못합니다. 처음에는 크게 신경 쓰지 않던 원장님의 고민이 깊어졌습니다. 사태가 상당히 악화된 것입니다. 고민 끝에 원장님은 기존의 영어 프랜차이즈를 다른 브랜드로 전환합니다. 기존의 영어 프랜차이즈도 좋았지만, 펀fun 요소가 부족하여 새롭게 등장한 학원에 밀린다고 생각한 것입니다. 그래서 비교적 펀 요소가 있는 영어 프랜차이즈로 교체하는 결단을 내립니다.

원장님 본인의 가치관도 일정 부분 수정합니다. 엄격한 리더십이 요즘 아이들에게는 적합하지 않다고 판단한 것입니다.

이것은 정말 쉽지 않은 변신입니다. 사람 자체가 바뀌는 것이니 말입니다. 그리고 보통 나이가 들면 가치관 바꾸기가 더 어렵지 않나요?

최근에 들려오는 소식에 의하면 원장님의 학원은 상당한 회복을 했다고 합니다. 중학생들에게 그동안 시도하지 않았던 토익 시험도 치르게 하면서 다양한 변화를 주고 있었습니다. 시험 결과도 좋아서 이를 홍보에 적극적으로 활용하고 계시고요.

나이가 많아도 학원 사업 충분히 잘할 수 있다는 것을 원장님이 잘 보여주고 계십니다. 시대에 따라 적절히 자신을 변화시킨다면요.

◆
성공 DNA를 가진 파주 원장님

원장님은 파주 외곽 지역에서 개인 과외를 하다가 학원을 개원했습니다. 오픈할 시기의 나이가 20대 중반이었으니 출발이 상당히 빨랐습니다. 거의 쓰러져 가는 건물 2층에 저렴한 조건으로 임차 계약을 하고 개원했습니다.

개원 후, 신속하게 지역 최고의 영어 전문 학원으로 성장합니다. 꽤 유명한 영어 브랜드들이 경쟁 학원으로 있었으나 실력으로 제압합니다. 실평수 30평 정도의 학원에서 학생 수가 150명을 넘자 1층까지 확장합니다. 1층에는 원래 슈퍼가 있었으나 공실이 되면서 바로 계약했습니다.

그런데 일반적인 학원 경영과는 매우 다른 접근법으로 1층을 활용합니다. 강의실 용도가 아닌 이벤트용 공간으로 활용한 것입니다.

원장님의 강점 중 몇 가지를 보면 다음과 같습니다.

1) 열정 (타의 추종을 불허할 정도)
2) 좋은 영어 발음 (영어 발음이 좋은 학원으로 지역에 알려짐)
3) 철저한 시험 대비 (초등학생도 철저히 시험 대비)
4) 탁월한 '쿠킹 클래스' 노하우
5) 캠프 등 각종 이벤트를 주기적으로 개최

이 중에서 가장 강력한 무기는 쿠킹 클래스인데, 이것을 전문화하기 위한 장소로 1층을 활용했습니다. 월 1회 쿠킹 클래스를 정기적으로 진행하는데 한 번은 튀김을 1,000개 정도 튀겼다고 합니다. 보통 일이 아니죠. 매월 요리도 다르게 선정하는데, 월별·계절별로 잘 어울리는 외국 요리를 소개합니다. 그러면서 자연스럽게 영어를 가르쳐서 동네에 소문이 자자합니다. 원장님은 쿠킹 클래스를 본인의 차별화 요소로 생각하고 있음이 틀림없습니다. 실제로 1층 인수 후, 순식간에 학생은 40명 정도 더 늘어났습니다.

원장님은 10년을 운영한 학원을 매각하고 파주 신도시에 새롭게 학원을 개원했고, 한 달 만에 50명 이상이 등록했습니다. 그리고 채 6개월이 되지 않아 100명 이상의 학생을 모으고 신규 모집을 중단했습니다. 요즘 같은 경우에 한 달 만에 50명 이상의 등록은 대단하지 않나요? 그 핵심은 무엇이었을까요?

바로 쿠킹 클래스였습니다. 원장님은 학생 모집을 위한 학부모 설명회 대신 쿠킹 클래스 시범수업을 진행했는데 이것이 적중했습니다. 무엇이 학생과 학부모를 사로잡는 포인트인지 정확히 알았던 것입니다. 평범한 수업에 지루함을 느끼는 아이들에게 특별하고 재미있는 수업 방식은 결정적 한 방이 되었습니다. 물론, 실력은 기본적으로 갖춰져 있었고요.

비단 쿠킹 클래스만이겠습니까? 원장님은 학원의 모든 것을 색다르게 운영합니다. 예를 들어, 학부모 소개로 신입생이 들어오면 이 원장님은 직접 과일 상자를 들고 소개해 주신 학부모님 가정을 방문하여 사례를 합니다. 보통은 상품권이나 현금으로 소개에 대한 감사의 표현을 하지만, 이렇게 정성을 들여 표현하면 학부모의 기억에는 색다르게 남기 마련입니다.

열정과 실력, 그리고 차별화까지! 이렇게 다양한 요소를 두루 갖춘 원장님, 학원 성공 DNA를 갖추고 있는 분이라고 확신합니다.

기본 지키기의 힘, 은행원 출신 원장님

원장님이 영어 학원을 창업하게 된 이유는 매우 간단합니다. 원장님에게는 영어 학원을 운영하는 친동생이 있었는데, 그 학원이 매우 잘되었습니다. 원장님은 본인보다 부족하다고 생각했던 동생이 은행원인 형보다 훨씬 더 많은 돈을 버는 것을 보고 자극을 받았습니다. 그래서 멀쩡히 다니던 은행을 퇴직하고 전 재산을 투자하여 영어 학원을 창업한 것입니다.

꼼꼼한 은행원 출신답게 학원 위치 선정부터 철저히 조사했습니다. 원장님은 여러 가지 본인의 기준에 맞게 학원 입지를 선정했습니다. 원장님의 선정 기준 중 몇 가지 기억나는 것을 적어보면 다음과 같습니다.

1) 임대료가 비싸도 상관없으니 상가가 많지 않은 곳
2) 교차로가 있어 차량이 멈춰 서 있는 곳 (간판이 노출되어 홍보 효과가 큼)
3) 버스 정류장이 있는 곳
4) 유동 인구가 많은 곳
5) 유해업소가 없는 곳

이런 기준으로 오랫동안의 시장 조사 후, 서울 신내동에 학원을 개원합니다. 그리고 고생이 시작됩니다. 성공도 시작되고요.

원장님이 크게 성공하신 후, 오픈 과정부터 쭉 들을 기회가 있었습니다. 오픈하고 죽을 만큼 고생하며 운영했음에도 6개월 동안 집에 생활비를 한 푼도 가져다주지 못했다고 하시더군요. 그 말을 하며 눈물을 흘리셨습니다. 그동안의 힘든 과정이 생각났기 때문이었겠지요. 하지만 그 6개월을 기점으로 학원은 폭발적으로 성장했습니다.

저는 원장님의 성공 요인으로 은행원 출신이라는 점을 꼽고 싶습니다.

우선 업무 처리가 정확하고 꼼꼼합니다. 강사를 채용할 때도 철저히 형식을 갖춥니다. 기존의 강사들을 전원 심사위원으로 참석시키고, 반드시 시강을 요구합니다. 그만큼 엄격하게 강사를 선별합니다.

급여는 타 학원보다 높게 지급합니다. 그리고 장기 근무할수록 급여를 올려주어 강사의 잦은 이직을 방지하고 학원의 노하우를 축적합니다. 학생 수에 따른 인센티브 제도도 적극적으로 활용합니다.

시설 투자도 아끼지 않으며, 타 학원 동향에도 민첩하게 반응하여 좋은 프로그램이나 커리큘럼이 있으면 벤치마킹하여 본인의 것으로 소화를 합니다. 이런 자신감을 바탕으로 수강료는 지역 영어 학원보다 약간 높은 수준을 유지합니다.

원장님을 보며 '기본 지키기'의 중요성을 깨닫습니다.

학원 위치 선정부터 강사 관리까지, 원장님은 기본에 충실했습니다. 사실, 처음 학원을 운영하면서 상황이 어렵다 보면 기본을 지키며 운영하기가 쉽지 않습니다. 하지만 작은 업무에도 소홀하지 않고, 어려운 상황에서도 투자해야 할 곳에는 과감히 투자했던 원장님의 기본 지키기가 결국은 빛을 발하게 된 것이죠.

◆

중심 잡기, 경북 경산 원장님

학원 운영 시, 중심을 잡고 운영하는 것은 매우 중요합니다.
경산 원장님은 중심 잡기가 탁월한 분입니다.
몇 가지 사례를 들어 보죠.

1) 랩 스쿨을 고집합니다.

중등부의 경우에는 대부분의 랩 스쿨이 그룹 수업으로 전환하는 경우가 많은데, 원장님은 중등부도 랩 스쿨 시스템을 유지합니다. 시험 대비까지도 랩 스쿨 시스템입니다. 인근에 중학교가 5개여서 랩 스쿨로 운영하지 않으면 반 편성에 상당한 어려움이 있기 때문입니다.

2) 외국인 강사는 고용하지 않습니다.

그동안 학부모로부터 줄기차게 외국인 강사 채용에 대한 요구를 받아 왔지만, 지속적인 관리의 어려움과 효율성의 측면을 고려하여 채용하지 않습니다.

3) 강의실은 크게, 정원은 많게 운영합니다.

한 강의실에서 30명의 학생이 수업을 받습니다. 많은 정원에 놀라거나 거부감을 표하는 학부모가 있을 때도 있지만, 그래도 30명을 고집합니다. 다만, 선생님을 2명 투입합니다. 강의실이 큰 대신 개수가 적으면 인테리어 비용의 절감은 물론 관리 비용 절감의 효과도 있기 때문입니다. 물론, 관리 노하우가 있어야만 가능한 시스템입니다.

4) 초등부는 시험 대비를 해주지 않습니다.

학원 과정만으로도 초등부 내신은 충분히 대비할 수 있기 때문에 시험 대비를 따로 해주지 않습니다. 학부모의 요청에도 흔들리지 않습니다.

5) 차량 운행을 하지 않습니다.

차량으로 인한 운영 비용 및 업무의 증가, 사고 위험, 학부모 불만 발생 등을 피하기 위해서입니다. 이러한 정책으로 학원의 가장 중요한 업무인 강의에 집중할 수 있습니다.

지금까지는 하지 않는 것들 위주였다면, 이제부터는 하는 것들입니다.

1) 아이들의 실력을 확실히 높여줍니다.

우수한 커리큘럼으로 영어 실력을 키우고 내신 관리를 철저히 한 결과, 랩 시스템으로도 경북외고를 매년 보냅니다.

2) 교재비를 아까워하지 않습니다.

교재비가 수강료에 포함되어 있어 교재비를 별도로 받지 못하니 사실 교재를 오래 쓸수록 학원에는 이익이나, 교재비에 대한 손실을 감수하며 진도를 나갑니다.

3) 이벤트에 강합니다.

매년 골든벨 대회를 개최하며, 이에 대한 확실한 노하우를 가지고 있습니다. 골든벨을 개최하면 자연스럽게 학원 밖으로 행사 소식이 전달되는데 이것은 학원 홍보에 상당한 효과가 있습니다. 그리고 재원생들은 이벤트를 통해 영어 실력이 향상되는 것은 물론, 학원에 대한 소속감을 가질 수 있습니다.

이렇게 확실히 중심을 잡고 경영하여 45평 규모의 학원에서 2015년 중순에 수강생 220명을 돌파합니다. 그리고 오랜 고민과 조사 끝에 2호점을 오픈합니다. 이는 시스템에 대한 확신이 없다면 할 수 없는 과감한 결정입니다. 도대체 지금이 어느 시기인데 확장입니까?

그런데 얼마 전 소식으로는 2호점도 100명을 돌파했다고 합니다. 임대료가 비싸지 않고 차량을 운행하지 않고 한 클래스 당 정원이 많으니 순익이 웬만한 대형 브랜드보다 뛰어납니다. 근래에 듣기 힘든 이야기 아닌가요?

중심이 없으면 쉽게 흔들립니다. 주변의 부정적인 의견이나 학부모의 요구, 때로는 외부의 성공 사례도 학원을 흔들 수 있습니다. 하지만 본인만의 확실한 기준으로 중심을 잡으면 학원은 견실하게 성장해 갑니다. 또, 설령 낙담케 하는 일이 발생하더라도 흔들림 없이 학원을 운영할 수 있습니다.

중심 잡기는 강한 영어 학원이 되기 위한 절대 조건입니다.

◆

성공한 원장에서 실패한 원장으로

학원은 성공시키기도 쉽지 않지만, 성공을 유지하는 것은 더욱 어렵습니다. 이번에는 상당히 안정적으로 학원을 운영하다가 잘못된 의사 결정으로 폐원하게 된 사례를 소개하려고 합니다.

용인 지역에서 단지 내 상가 영어 학원을 운영하시던 원장님입니다. 학원은 경기도 교육청 보습 학원 설립 기준에 간신히 맞출 정도의 규모였습니다. 이 작은 곳(강의실 3개)에 130명 정도의 수강생이 있었고 자가 상가였으니 상당히 자리를 잘 잡은 학원이었습니다.

그런데 학원 근처(학원 건물에서 약 100m)에 신규 상가 단지가 들어오면서 원장님의 고민이 시작됩니다. 현재의 건물이 낡았으니 신규 상가의 깨끗한 건물로 이전하려고 계획한 것입니다. 규모도 120평으로 확장하고 외국어 학원으로 설립하여 외국인 강사도 채용하고자 했습니다. 원장님은 동료 학원장이기도 했고 같은 아파트 주민이기도 했던 저에게 이런 결정을 앞두고 상담을 요청했습니다.

원장님 계획의 핵심은 이러했습니다.
1) 학원 이전 : 월 임대료 및 관리비 420만 원
2) 외국인 강사 채용 : 고가의 실력파 외국인 강사 채용
3) 수강료는 동결 : 기존의 학생 이탈 방지를 위한 결정

심히 우려스러웠습니다. 우선 임대료 부담이 너무 컸습니다. 아무리 신규 상가라도 관리비 포함해서 월 420만 원이라니요.

외국인 강사 채용 건도 그렇습니다. 일반 외국인 강사보다 더 많은 급여를 주고 교사 자격증을 갖춘 외국인 강사를 채용하겠다는 것인데, 과연 비싼 외국인 강사가 학생 모집에 도움이 될까요? 이는 학원 업계의 생리를 잘 모르는 열정 있는 초보 입문자분들이 많이 범하는 큰 실수입니다.

수강료는 동결! 기존 원생들의 이탈을 방지하고 싶은 마음을 왜 모르겠습니까? 그러나 운영 비용이 대폭 증가하여 기존의 수강료로는 수익이 발생할 수 없는 상황이었습니다. 그래서 저는 차등 수강료 정책을 권했습니다. 기존 학생의 수강료는 동결하고 신규 원생에게만 인상된 수강료를 적용하는 것입니다.

결국, 학원은 이전했습니다. 그리고 고전했습니다. 원장님은 비용 절감을 위해 학원 차량을 운전했습니다. 아니, 거의 운전만 했습니다. 하지만 기존의 학생이 적지 않았음에도 계속 적자가 났습니다. 2년 임차 계약을 했으나 1년 만에 폐원했습니다.

많은 것을 잃었습니다. 남은 것은 막대한 인테리어 비용, 남은 1년 치 월세에 대한 보증금 감액, 적자, 그리고 피폐해진 마음.

후에 원장님을 우연히 병원에서 만났습니다. 건설 현장직으로 회사에 다니신다고 했습니다. 다시는 학원 안 한다고 하시더군요. 상처를 회복하고 잘 살고 계시기를 진정으로 바랍니다.

♦

4개의 어학원을 동시에 운영했던 원장님

원장님을 처음 뵌 시기는 1996년 말이었습니다. 당시 원장님은 4개의 어학원을 동시에 운영하고 계셨습니다. 반포에 1개, 용인 수지에 1개, 그리고 분당에 2개. 모두가 외국어 학원이었고 인테리어도 상당히 깔끔하게 잘해 놓은 규모가 꽤 있는 학원들이었습니다. 4개의 학원은 거의 같은 시기에 개원하였습니다.

원장님은 반포에서 입시 학원을 운영하며 크게 성공하여 상당한 재력을 쌓은 분이었는데, 학원 운영 중, 강사와의 충돌(강사가 인근에 입시학원을 차리고 수강생을 빼돌린 행위)을 몇 번 겪으면서 입시 학원에 대한 회의감이 들어 영어 학원으로 방향을 전환합니다. 그러면서 동시에 네 곳을 개원한 것입니다.

네 곳이나 운영한 이유는 지역 선점 때문이었습니다. 입시 학원 운영 경험은 풍부하지만 영어 학원 운영 경험이 없어 프랜차이즈 학원으로 개원했고, 4개 어학원 모두 같은 브랜드로 개원하였습니다.

그런데, 프랜차이즈로 개원했음에도 원장님은 프랜차이즈를 불신했습니다. 그래서 끊임없이 자체 콘텐츠를 개발하려 공을 들였습니다. 자체 교재 CD도 제작하는 등 당시 돈으로 2억이 넘는 자금을 투자하였습니다. 완벽한 교재를 만들고 싶었던 겁니다. 그러나 교재는 결코 완벽하게 만들어지지 않았습니다.

원장님과 프랜차이즈 브랜드와의 불편한 동거는 계속되었습니다. 교재를 불신하여 프랜차이즈 교재 보다 시중 교재를 더 활용하는 커리큘럼을 지속했습니다. 결론적으로 4개의 학원 모두 적자를 견디지 못하고 폐원하고 말았습니다. 그중 분당 학원은 가장 늦게까지 운영했으나 2000년 초에 결국 폐원했습니다.

원장님의 실패 원인은 무엇일까요? 결론론적인 분석입니다만, 프랜차이즈 계약을 했으면 그 콘텐츠와 맞춰 갔어야 했습니다. 아니면 프랜차이즈 계약을 해지하고 본인만의 자체 브랜드로 밀고 나갔어야 합니다. 그러나 원장님은 프랜차이즈 계약은 계속 유지한 상태에서 교재를 불신하고 자체 교재 제작에 지나치게 많은 시간과 자금을 투자했습니다. 이도 저도 아닌 어정쩡한 동거 상태였던 것입니다.

원장님이 선택한 브랜드는 객관적으로 상당히 좋은 프로그램을 갖추고 있었습니다. 원장님의 생각은 그렇지 않았지만요.

교재란 게 그렇습니다.

완벽한 교재는 없습니다.

프랜차이즈 교재가 정 맘에 안 들면 부족한 부분에 대한 워크북을 제작하는 정도로 투자 범위를 좁혔어야 하는데, 참 아쉬움이 많이 남습니다. 저에게 학원업의 많은 부분을 알려 준 원장님이기에 그 실패가 더욱 안타깝습니다.

나의 강점에 집중한다, 영통 원장님

영통은 수원의 핵심 지역으로서 학원 사업에 있어 치열한 전쟁터 같은 곳입니다. 없는 영어 프랜차이즈 브랜드가 없을 정도입니다.

원장님은 영어 프랜차이즈 본사 근무 중, 본인이 근무하는 브랜드의 학원이 매물로 나오자 이를 인수하여 학원 사업을 시작했습니다. 인수한 학원은 한때 학생 수가 300명이 넘을 정도로 대형 학원이었으나, 이후 학생 수가 100명 정도로 감소하여 상당히 어려움을 겪다 결국 매물로 나온 학원이었습니다.

사실, 원장님이 학원을 인수하여 운영한다고 했을 때 원장님을 잘 아는 저는 상당히 걱정되었습니다. 프랜차이즈 본사 출신이지만, 관리직 직원으로 근무해서 강의 경험이 전혀 없었고 영어도 잘하는 편이 아니었기 때문입니다.

어쨌든 원장님은 학원을 인수한 후 먼저 인테리어 공사를 하여 학원을 깔끔하게 바꾸기 시작했습니다. 저는 굳이 저럴 필요 있을까 싶었습니다. 인수 당시, 학원 시설은 인테리어에 손을 대지 않아도 될 정도로 수준급이었거든요. 하지만 주위의 만류에도 불구하고 인테리어 공사를 진행했습니다.

학원 홍보도 강화했습니다. 타 학원과 차별화되도록 전단을 브로슈어 형태로 제작해서 뿌립니다. 당연히 제작비가 몇 배로 들어갑니다. 그래도 과감히 투자합니다.

컴퓨터에 능통했던 원장님은 학원 홈페이지를 제작하고, 교실마다 카메라를 설치하여 실시간으로 수업 장면을 홈페이지를 통해 방송합니다. 강사들은 싫어하지만, 학부모들은 무척 좋아합니다.

강사들은 수업이 끝나고 바로 집으로 가지 않습니다. 최소한 30분 정도는 의무적으로 학부모 상담 전화를 해야 합니다. 8시 수업이 끝나고 모두 상담 전화를 합니다.

대신 원장님은 강사들에게 인센티브를 제시합니다. 학생 수 200명을 돌파하면 전원 해외여행을 보내주겠다고 약속합니다.

교재는 프랜차이즈 교재를 최대한 활용합니다. 강의 경험이 많은 원장님들은 프랜차이즈 교재를 사용하면서 외부 시중 교재를 혼합하여 사용하는 경우가 많습니다. 그러나 원장님은 강의 경험이 없어 외부 교재를 잘 모르니 본사에서 공급받는 교재를 잘 활용하는 것으로 방향을 설정합니다.

이에 더하여 프랜차이즈 교재를 기반으로 부교재(워크북)도 자체 제작합니다. 부교재는 주로 단어 실력과 쓰기 능력 향상에 목표를 두고 만들었습니다.

학생 수가 급격히 늘어나기 시작합니다.

1년이 되지 않아 200명을 돌파합니다.

모두 약속대로 전원 해외여행을 다녀옵니다.

여세를 몰아 300명까지 돌파해 버립니다.

원장님의 성공 요인이 무엇이었을까요?

저는 본인의 한계에 대한 정확한 인식과 본인의 강점을 최대치로 끌어낸 것이 주요한 요인이라 생각합니다. 강의는 전문가인 강사에게 완전히 맡기고, 본인은 경영에 집중한 것입니다. 강사들에게 동기부여를 하고 홍보에 힘쓰는 일은 자신이 잘할 수 있는 일이기에 여기에 최선을 다한 것이죠. 비강사 출신 학원장에게는 좋은 본보기가 되리라 생각합니다.

◆
동네 학원의 생존 전략

원장님은 상당히 젊은 나이인 30세에 학원 사업을 시작합니다. 처음에는 동업으로 시작했으나 운영을 하면서 동업자와 이견이 생겨 절반의 지분을 인수하여 혼자서 운영하게 됩니다. 동업일 때도 고전했는데, 혼자 운영하게 되면서 더욱 고전하게 됩니다. 그리고 결혼을 합니다.

아내 되시는 분은 어린이집 교사 출신으로, 일에 지쳐서 결혼하면 가사만 돌볼 생각이었습니다. 그런데 결혼하고 원장님이 생활비로 가져다주는 돈이 너무 적어 학원 운영에 함께 뛰어들게 됩니다.

함께 강의하고 토론하며 방법을 찾아갑니다. 중학생을 정리하고 초등부 전문으로 방향을 정합니다. 영어를 중심으로 하되 수학 등 다른 과목도 시험 대비를 해주는 종합 학원 형태로 가닥이 잡혔습니다.

부부가 함께 학원을 운영하며 아내의 영업 능력이 서서히 발휘되는데, 이는 강사 출신이나 대형 학원 출신(원장님)은 사실 생각하기 힘든 지역 밀착형 영업이었습니다.

슈퍼마켓을 들러도 물건을 산 다음에는 꼭 학원 홍보를 하고, 머리를 하러 미용실을 들러서도, 밥을 먹으러 음식점에 가서도, 기회가 될 때마다 학원 홍보를 하는 것입니다. 학원을 홍보하고 명함을 나누어주고, 그렇게 지역 밀착형 영업을 계속했습니다. 더불어 꼼꼼한 관리로 교육의 질도 높였습니다.

어느 정도 인원이 늘었을 때, 저에게 영어 프랜차이즈 도입에 관한 도움을 청하게 되고, 저는 원장님에게 적절한 영어 프랜차이즈를 소개해 드렸습니다. 사실 소개라기보다는 브랜드 이름만 알려드린 정도였습니다.

부부의 철저한 지역 밀착형 영업과 꼼꼼한 관리, 적절한 시기의 프랜차이즈 도입이 어우러져서 학원이 비상합니다. 동네 규모가 작고 영세한 지역이어서 대형 학원에 비할 수는 없지만, 월 순수익이 1,500만 원을 넘어서게 됩니다. 그렇게 5~6년 정도의 전성기를 보냈습니다. 끝이 보이지 않는 고통의 세월을 보내던 학원이 엄청나게 성장한 것입니다.

전 이 학원에서 크게 배운 것이 있습니다. 소형 학원은 그 동네에 완전히 스며들어야 한다는 것입니다. 동네 사람들과 친밀한 관계를 유지하는 것을 의미합니다.

특히, 미용실의 힘이 엄청납니다. 어머니들이 머리를 하며 많은 대화를 나누면서 학원 이야기를 자연스럽게 듣게 되기 때문입니다. 그러니 잘하는 미용실을 찾아갈 것이 아니라 학원 근처 미용실을 찾아가야 하며, 그 동네에서 물건을 사고 음식을 먹어야 합니다. 그러기 위해서는 사교성 있는 성격이 유리하겠지요.

아니면 절박하거나요.

◆
허름한 건물에서 만난 원장님

1996년도 11월, 학원 업계에 진입한 후 며칠 안 되어 서초 지역에서 가맹 상담 신청을 받고 선배와 함께 방문하였습니다. 일반적인 강남의 이미지와는 달리 매우 허름한 건물이었습니다. 학원 위치는 5층이었던 것으로 기억합니다. 학원을 방문하니 '박선생 보습 학원'이라는 간판이 눈에 들어왔습니다. 학원 이름이 많이 촌스럽다는 생각이 들었습니다.

원장님을 만나 뵈었는데 매우 평범해 보이는 동네 아저씨였습니다. 원장님께서는 '우리 학원이 수학은 매우 강한 것으로 인근에서 유명한데 영어가 약해서 고민이라 영어 프랜차이즈 도입을 고민 중'이라고 말씀하셨습니다. 상담 후 가맹 계약으로는 이어지지 않았습니다.

그리고 세월이 흘러 4년 뒤 2000년도에 정말로 우연히 이 원장님을 다시 만나게 되었습니다. 당시 저는 P 어학원에서 영어 유치원 사업을 준비하던 중이라 유치원을 설립할 건물을 물색하다가 신사동에 있는 한 건물의 3개 층을 계약하게 되었습니다. 그런데 이 원장님이 바로 건물주였던 것입니다. 저는 원장님을 알아보고 인사를 나누었습니다. 원장님도 제 얼굴은 기억하지 못하셨지만 만났다는 사실은 기억하시더군요.

그런데 원장님이 본인도 이제 막 수학 프랜차이즈 사업을 시작했다고 하십니다. 브랜드명이 무엇이냐 물었더니 '왕수학'이라고 했습니다.

그렇습니다.

아시는 분은 아시겠지만 2000년경 엄청난 인기를 누렸던 왕수학의 창시자 박명전 원장님이셨습니다. 그래서 과거 보습 학원 이름도 '박선생 보습 학원'이었던 것이죠.

2000년도에는 왕수학이 막 시작한 브랜드여서 향후 그렇게 엄청나게 성장할 줄은 상상도 하지 못했습니다. 이후 왕수학은 정말로 승승장구 하더군요. 그리고 200억여 원에 웅진에 매각. 그리고 다시 박명전 원장님이 웅진으로부터 왕수학을 사들이는 과정이 이어집니다.

정말 신기한 일이죠?

허름한 동네 학원에서 가맹 상담을 했었던, 조금은 촌스러운 이름의 그 학원 원장님이 대형 프랜차이즈를 창업하고 크게 성공할 줄 누가 알았을까요?

♦

열정과 근성의 공부방 원장님

유치원 파견 강사와 공부방을 병행하다 적당한 기회에 공부방 운영에 집중한 사례입니다.

원장님을 처음 뵌 것은 2009년도 초였습니다. 당시 원장님은 유치원 파견 영어 교사로 약 10년 정도 근무 후, 본인의 영어 공부방을 개업하고자 독립을 준비하는 상태였습니다. 생계 문제로 당장 유치원 파견 교사는 그만둘 수 없어, 오전에는 유치원을 나가면서 오후에는 공부방을 운영할 계획을 세웁니다.

그런데 개원 초기에 큰 걸림돌이 생겼습니다. 당시 아파트 고분양가의 여파로 대다수 주민이 분양가 인하를 요구하며 입주를 하지 않는 분위기라, 개원 시 원장님이 입주한 아파트(약 1,000세대)의 입주율이 약 30%에 불과했던 것입니다. 그래서 할 수 없이 조금 먼 거리의 아파트를 공략하기로 했습니다.

원장님은 홍보를 위해 아파트 문에 직접 전단을 부착하는 방법을 택했는데, 얼마나 열심히 아파트 계단을 오르내리며 붙였는지 무릎에 이상이 올 정도였습니다.

공부방을 보다 적극적으로 알리기 위해 학부모 설명회도 개최했습니다. 저도 당시 원장님을 지원하기 위해 학부모 설명회 시작 전 일찍 방문하였는데 '학부모님들이 과연 오실까?' 하는 초조함에 불안해하던 원장님 모습이 기억납니다.

그날 설명회에는 다섯 분의 학부모가 오셨고, 원장님은 최선을 다해서 설명회를 진행했습니다.

이틀 후 원장님으로부터 전화가 왔습니다. 방문한 다섯 명 전원이 등록하기로 했다고 하시더군요. 원장님은 기뻐서 눈물을 흘렸습니다. 그리고 승승장구! 유치원 수업은 그만두고 공부방에 전념합니다. 이후 학생은 50명을 돌파합니다.

이 원장님의 성공 비결은 뭘까요?

원장님의 열정과 근성이라고 저는 생각합니다.

이곳에는 공부방임에도 자체 신문이 있습니다. 그냥 간단한 신문이 아니라 지면이 6면 정도 되는 신문입니다. 이것을 월 1회 제작합니다.

혹시 학원 신문을 제작해 보셨나요? 보통 일이 아닙니다. 단발성이라면 몰라도 매달 꾸준히 하는 것은 아무나 할 수 없습니다.

이벤트에도 매우 강합니다. 쿠킹 클래스, 마켓 데이, 핼러윈 축제, 크리스마스 축제 등에 정성을 다합니다. 그리고 이 모든 것을 다 혼자서 준비합니다.

처음 원장님을 뵈었을 때, 워낙 조용하시고 낯도 많이 가리는 분 같아서 열정이 있는 분인 줄 몰랐습니다.(하긴 목소리 크다고 실력 있고 열정 있는 것이 아님을 많이 봐왔습니다.) 하지만 조용한 열정과 끈기로 결국 강한 영어 학원을 만들어냈습니다.

♦

부모가 창업해 준 영어 학원

제가 영어 프랜차이즈 지사장으로 일하고 있을 때, 학원 창업 의뢰를 받고 창업까지 이어진 사례입니다.

전화를 받고 학원 창업 희망자를 만났는데, 본인의 직업은 경영학과 교수이며, 아들의 영어 학원 창업을 도와주는 것이라고 소개하셨습니다. 아들은 20대 후반의 젊은 분이었는데, 어학연수를 다녀오고 현재 학원 강사로 일하고 있다고 했습니다. 그러면서 아들이 아주 실력도 좋고 잘 생겨서 학생들한테 인기가 많다는 말도 덧붙였습니다.

어머니와 대화를 해보니 학원업에 대한 이해도가 상당히 떨어져서 우려가 되었습니다. 가장 우려되는 부분은 성공에 대한 지나친 자신감이었습니다. 학원 경영을 쉽게 생각하고 아들의 능력을 과신하고 있다는 생각이 들었습니다.

학원 규모에 대한 부분에서도 저와 이견이 있었습니다. 어머니는 학원을 크게 하는 것이 좋은 것 아니냐고 물으시더군요. 그래야 보기 좋다는 주장이었습니다. 그 주장은 주위 사람들의 조언이라 했습니다. 그러나 저는 처음이니 작게 시작할 것을 권유했습니다.

일단은 저의 조언을 받아들여서 최소 학원 인가 평수에 맞춰 개원했습니다. 그러나 학원 위치는 기어코 제가 말리던 지역으로 결정했습니다. 인테리어에도 적지 않은 비용을 투자했습니다.

그리고 결국, 우려했던 일이 발생했습니다. 학원 홍보를 위해 전단을 엄청나게 배포했는데도 학생이 모이지 않는다는 불평이었습니다. 기대가 워낙 컸으니 어쩌면 당연한 실망입니다. '학생 모집이 그리 쉽지 않다, 시간이 걸린다.'라는 저의 설명에 전혀 귀를 기울이지 않는 것처럼 보였습니다.

한 번은 저에게 이런 전화도 왔습니다. 인근 랩 스쿨 학원에서 강사 모집 광고를 보았는데 채용 자격 기준으로 경력이 없는 분들도 환영한다는 문구를 보았다는 것입니다. 어떻게 그런 낮은 기준으로 학원 강사를 채용할 수 있느냐, 아들의 학원도 랩 스쿨인데 그러면 그 광고를 본 학부모들이 우리 학원도 우습게 보지 않겠냐는 걱정의 전화였습니다. 저는 지나치게 예민한 걱정이라는 생각이 들었습니다.

시간이 조금 흘렀는데 연락이 되지 않더군요. 그래서 학원을 방문했는데, 헉! 학원이 사라졌습니다. 수학 학원으로 바뀌어 있었습니다. 개원하고 불과 3개월 만에 일어난 일입니다. 부모가 개원 자금을 대주었으니 폐원도 아마 부모가 결정했을 것 같습니다.

만약 자녀가 열심히 모은 돈으로 학원을 창업했다면, 자녀가 땀 흘리고 애써서 개원한 학원이었다면, 과연 그렇게 쉽게 폐원을 결정했을지 궁금해지네요.

♦

초심으로 극복, 대치동 입시 학원 원장님

원장님을 처음 뵌 것은 정확히 2001년도였습니다. 그때 받은 원장님에 대한 인상은 굉장히 추진력이 강하고 괄괄한 성격의 소유자라는 것이었습니다. 원장님은 수학을 강의하셨는데 서울 반포 지역에서 강의력을 크게 인정받고 있는 분이었습니다.

원장님은 서울대학교를 졸업하고 일반 직장에 근무하다 조직 생활이 맞지 않아서 학원 업계에 뛰어들게 되었다고 하셨습니다. 강의력과 카리스마가 대단하고 비즈니스 마인드까지 갖춰 학원이 매우 잘 됐습니다. 학원은 계속 확장됩니다. 대형 건물의 한 개 층을 쓰다 4개 층까지로 확장됩니다.

그러나 IMF로 학원이 속절없이 무너집니다. 당시 원장님의 아내는 늦둥이 막내를 임신 중이었고 깜깜한 미래에 눈물로 하루하루를 보냈다고 합니다. 얼마나 두려웠을까요? 비슷한 경험을 한 분들은 그 두려움을 이해할 수 있을 것입니다.

결국, 한 개 층만 남기고는 학원을 모두 정리하고, 다시 초심으로 돌아가서 혼신의 힘을 다하여 학원을 운영합니다.

제가 처음 만날 당시에는 이미 상당한 회복을 한 상태였습니다. 그리고 회복을 넘어서서 큰 비전을 그리고 있는 원장님의 모습을 볼 수 있었습니다. 이후 원장님은 대치동에 분원을 설립하며 본격적인 대치동 공략에 나섭니다.

당시 대치동은 지금처럼 대한민국 학원계의 메카가 아니었습니다. 그러나 원장님은 대치동에 주목하고 공략을 시작했습니다. 온라인 강의도 도입했습니다.

그때는 몰랐지만, 굉장히 큰 원장님이셨습니다. 당시 원장님 학원에서 근무하던 강사 몇 분과 대화를 나눌 기회가 있었는데, 월 강사 급여가 3,000만 원 정도 된다고 했습니다. 상당한 규모의 입시 학원이었던 것입니다.

원장님은 처음 학원 사업을 시작하고 성공 가도만을 달리다 큰 시련을 겪었습니다. 보통 이런 경우에 그대로 도태되기 쉽습니다. 그러나 원장님은 멋지게 재기하였습니다. 원장님의 재기 사례는 후배 학원장들에게 좋은 교훈이 됩니다.

지금 잘 나간다고 하여 지나치게 학원을 확장하는 것은 위험할 수 있습니다. 그리고 아무리 강한 학원도 아픔 없이 늘 잘나갈 수는 없습니다. 학원은 생물이기 때문에 그렇습니다. 평소 튼튼한 체력을 길러 놓아야 덜 아프고 더 오랫동안 건강할 것입니다.

♦

김포 원장님의 도전, 그리고 실패

김포 원장님을 처음 뵌 것은 2000년도 초였습니다. 당시 원장님은 영어 유치원을 아주 성공적으로 운영하고 계셨었습니다. 원장님은 영어 교육업과는 전혀 무관한 일반 기업체 출신이었습니다. 그러나 평소 관심 있던 영어 교육 사업을 하기 위해 안정된 직장을 퇴직하고 창업한 것입니다. 처음에는 후회를 많이 했다고 하시더군요. 만만치 않은 영어 학원 시장의 경쟁 환경에 좌절하기도 했고요.

하지만 곧 마음을 다잡고 잠도 거의 자지 않고 연구를 하기 시작합니다. 원장님의 주특기는 잘되는 학원 염탐하기! 어느 학원이 잘된다고 하면 아무리 먼 지역도 아들을 데리고 레벨 테스트를 하러 방문합니다. 그러면서 학원을 연구합니다. 즉, 학원 스파이로 매우 활발히(?) 활동하며 배우고 또 배웁니다. 물론 막판에는 이실직고하십니다. 사실은 본인이 스파이였다고 정중히 사과하고 선물을 드리고 나온다고 합니다.

원장님은 프랜차이즈로 영어 유치원을 했지만, 본사에만 의존하지 않겠다고 빠르게 결론을 내립니다. 학원으로 성공한 후, 그 비결을 배우고자 찾아오는 분들께 원장님이 늘 강조하는 것이 있습니다. 프랜차이즈 본사에 지나친 기대를 하지 말고, 교재와 브랜드 쓸 수 있는 것만으로 만족하라는 것입니다.

본사에 대한 기대가 크면 실망도 큽니다. 실망이 크면 본사와 가맹 학원 사이의 갈등이 발생해 학원 경영에 도움이 되지 않습니다. 본사가 해줄 수 있는 부분은 제한적인데, 이러한 현실을 고려하지 않고 본사에 대한 비방과 원망만 하다가 학원의 경쟁력을 잃는 경우가 무척 많습니다. 그래서 원장님은 본사 지원의 한계를 인정하고 학원의 경쟁력을 키우라고 강조하십니다.

김포에서 프랜차이즈 영어 유치원으로 상당한 성공을 거둔 원장님은 이후 자체 브랜드에 대한 꿈을 키우고 이를 실행합니다. 김포 학원을 정리하고 일산에서 새로운 학원을 알아봅니다. 그러나 마땅한 상가를 발견하지 못해 대안으로 서울 목동에 개인 브랜드 학원을 개원했습니다. 이미 경쟁이 치열한 목동에서 승부를 건 것이지요. 그리고 그동안의 노하우가 쌓인 영어 유치원이 아닌 초등 고학년, 중등을 주요 타깃으로 하는 학원을 설립했습니다.

잠도 거의 자지 않으면서 연구하고 또 연구했습니다.
그러나 결과가 나오지 않았습니다.
성공하지 못했습니다.

원장님은 적절치 못했던 학원 위치와 과도한 임대료 부담, 그리고 잘 모르는 분야(특히 중등부)를 타깃으로 한 것을 원인으로 꼽았습니다. 그중에서도 학원 위치에 많은 아쉬움을 표하시더군요. 원래 가고 싶었던 곳은 일산 지역이었는데 갑자기 목동으로 지역을 변경하여 시장 조사에 실패한 것이라고 하셨습니다.

원장님이 학원을 이전한 후 성공하지 못한 이유를 정확히는 모릅니다. 그러나 원장님의 자체 분석은 학원 창업 시 참조할 필요가 있겠습니다. 특히, 임대료가 과다하면 성공할 확률이 현저히 떨어진다는 점을 반드시 기억하세요.

◆
강사 출신 학원장의 착각

저는 학원장의 출신 배경과 학원 성공 연관성을 늘 관심 있게 관찰해 왔습니다.

학원장 출신 배경으로 압도적인 것이 강사 출신입니다. 그런데 학원 강사 출신의 학원 성공 가능성이 의외로 높지 않다는 것이 저의 생각입니다. 이유를 정확히 알 수는 없습니다. 다만, 학원 강사 출신 학원장들의 한 가지 보편적인 특징을 발견할 수는 있습니다.

학원 강사 출신들은 대부분 자신의 강의력에 대해서는 상당한 자부심을 가지고 있습니다. 자부심까지는 아니어도 자신의 강의력이 약하다고 생각하는 분들은 거의 보지 못한 듯합니다.

강사 출신 원장님들이 스스로 약하다고 토로하는 부분은 거의 정해져 있습니다. 주로 학원 운영에 관련된 것입니다.

'나는 학원 홍보에 약하다.'

'학부모, 학생 관리 및 상담이 어렵다.'

'컴퓨터, 학원 세무는 정말 모르겠다.'

그런데 강의력 부족을 말씀하는 경우는 거의 들어보지 못했습니다. 간혹 볼 수 있기는 하나, 마음속에서 우러나오는 진실한 고백으로 보이지는 않습니다. 그러나 '내가 정말 강의를 잘할까?' 이 부분에 관한 진지한 연구 및 고민이 있을 필요가 있다고 봅니다. 나의 약점이 학원 운영적인 것이 아닌 강의력에 있을 수도 있습니다.

우리나라 축구의 예를 들어보겠습니다. 히딩크 감독 부임 전에 우리나라 축구는 이런 평가를 받았었습니다.

'한국 축구는 체력은 좋으나 기술이 부족하다.'

이것은 거의 절대 진리로 받아들여졌습니다. 그러나 히딩크 감독은 완전히 다른 처방을 내놓았습니다.

'한국 축구는 기술은 괜찮으나 체력이 매우 약하다!'

그래서 일명 '삑삑이'를 활용한 훈련으로 체력을 강화하여 우리나라 역사상 최고의 성과를 냈습니다.

어쩌면 우리도 그럴지 모릅니다. 내가 생각하는 강점이 오히려 약점이고, 내가 생각하는 약점이 오히려 강점일 수도 있습니다. 나의 강의력(나의 강점)에 대한 재평가가 필요할 수 있습니다.

♦

나이 많은 학원장이라서?

저는 나이가 많으신 학원장, 지사장님들과 적지 않은 기간 함께 일한 경험이 있습니다. 그 결과, 나이 많은 분들에 대해 조금은 부정적인 인식이 생겼습니다. 그 부정적인 인식에 대한 지극히 개인적인 글을 써 보고자 합니다.

스스로 나이가 많다고 생각하는 학원장은 자신의 한계를 스스로 설정합니다. 학원이나 지사 운영 노하우를 알고는 싶어 하나 듣기만 하고 실행은 하지 않습니다. 이유는 한 가지입니다.

'난 나이가 많아 못해요. 그건 젊은 사람이나 할 수 있어요.'

나이가 많은 뻔뻔한 학원장, 지사장도 많이 봤습니다.(제 개인적인 경험임을 다시 한번 강조합니다.) 노하우를 공짜로, 쉽게 얻으려 합니다. 좋은 학원 운영 관련 자료를 가지고 있으면 쉽게 달라고 요청합니다. 자신은 절대로 만들지 않습니다. 나는 못 하니 와서 좀 도와 달라고 합니다. 전형적인 무임승차족입니다. 잘하는 사람들 등에 공짜로 얹혀가는 전략. 지사 조직에 이런 테이크take족들이 많으면 프랜차이즈 본사는 붕괴됩니다.

'나는 못 해요!'

나이 때문에 못 한다는 것이 많습니다. 배움이 필요하나 역시 나이를 핑계로 댑니다. 나는 나이가 많아 안 된다고. 그러면서 하고는 싶으니 또는 갖고 싶으니 끊임없이 부탁합니다. 결국, 옆에 있는 분들이 피곤해집니다. 그러면서 그 고마움을 갚을 기회에서는 베풂에 참 인색합니다.

학원장들이 모여 있는 자리에서는 나이를 자꾸 들먹입니다.

'나는 나이가 많아서'

이 말은 저에게 '나를 대접해 달라!'는 말로 들립니다. 학원장 모임 자리에서 나이를 자꾸 거론하면 젊은 학원장들은 위축되거나 거부감을 느끼게 됩니다.

학원을 하면서도 늘 걱정합니다.

'내가 이렇게 나이가 많은데 학생, 학부모들이 좋아할까?'

나이로 스스로 철저한 장벽을 쌓습니다.

그런데, 나이에 관한 생각은 참 주관적입니다. 아직 40대 초반의 학원장이 자꾸 나이 운운하는 모습도 보았습니다. 스스로 나이가 많다고 생각하면 경쟁력도 떨어지고 때로는 부담스러운 상대가 됩니다.

나이를 의식하지 않을 수 없다는 것을 잘 압니다. 그러나 더 중요한 것은 학원장의 성향입니다. 나이 먹은 성향이냐 젊은 성향이냐의 문제이지, 물리적 나이가 많은지 적은지의 문제가 아닙니다. 사람들은 나이가 아닌 성향으로 학원장을 평가합니다. 그러니 더는 나이로 학원 경쟁력을 스스로 제한하지 않았으면 하는 바람입니다. 나이를 자꾸 거론하며 거북함을 주는 것도 멈춰야겠지요.

나이 많은 원장님들도 충분히 강한 영어 학원을 만들 수 있습니다. 경험과 연륜을 긍정적인 방향으로 활용한다면요.

♦

나이 어린 학원장이라서?

우리나라 사람들은 참 나이에 민감합니다.
어리면 어려서 민감, 많으면 많아서 민감.

　이른 나이인 20대에 영어 학원(영어 교습소, 영어 공부방)을 창업한 분들을 적지 않게 보았습니다. 이분들 중에는 나이를 의식하며 학원을 운영하는 분들이 있고, 거의 의식하지 않는 분들도 있었습니다.
　의식하지 않는 분들은 현재 영어 학원을 성공적으로 운영하고 있는 분들입니다. 의식을 한다고 하더라도 너무 어려 보이는 것을 경계하여 옷을 어려 보이지 않게 입는 정도입니다. 니이를 중시하는 한국 사회이다 보니 일부 학부모에게 무시당하는 경우는 가끔은 있을 것입니다. '너무 젊으셔서 몰라요', '애 키워 보셨어요?' 라고 깔아보는 학부모들도 간혹 있습니다.
　저도 비교적 어린 나이(35세)에 어학원 원장을 시작했었는데, 학원 커리큘럼에 대해 약간의 논쟁을 벌이던 학부모로부터 '수능 세대가 뭘 알아요?'라는 말도 들은 적이 있습니다.(참고로 저는 학력고사 세대입니다.)
　그러나 학부모 대부분은 결국은 학원장의 실력과 학원 운영 능력 등을 보고 평가하게 됩니다.

20대~30대 초반의 나이에 상당한 결과를 내는 원장님들도 적지 않습니다. 이 원장님들은 나이를 의식하지 않고 당당하게 나이 드신 원장님들과 섞입니다.

간혹, '제가 나이가 너무 어려서 그런가 봐요'라며 학원 운영의 결과를 나이 탓으로 돌리는 학원장들도 보았습니다. 그렇게 생각하실 필요 없습니다. 일전에도 말한 적이 있지만, 학원 사업은 참 공평한 곳입니다. 나이 많다고, 학벌 좋다고, 돈 많다고, 부모님 백 있다고, 내 건물이라고, 힘 있는 사람 많이 안다고……. 이런 요인들은 학원 성공에 전혀 영향을 주지 않습니다. 학원은 오직 나의 능력으로 승부할 수 있는 사업 분야입니다. 흔히 사업 성공의 중요한 요소로 거론하는 자금이 부족해도 말이지요. 참 공평한 경쟁 환경 아닌가요?

다만, 현재 성공한 나이가 어린 원장님들께 한 가지 조언을 하고 싶습니다. 현재의 성공을 너무 과소평가하지 않으셨으면 합니다. 어린 나이에 비교적 쉽게 성공해서인지 학원 일에 싫증을 내고 학원계를 떠나는 분들을 보았습니다. 그런데 다른 분야에서도 성공하기는 그리 만만치 않음을 직시하게 되더군요. 다른 사업 분야로의 도전을 막을 생각은 없습니다. 그러나 신중한 접근이 필요하다는 의미입니다.

혹시라도 나이가 어려 스스로 위축되어 학원을 운영하고 계신 분이 있다면, 이 글을 읽고 좀 더 담대해지셨으면 하는 바람입니다.

타인의 시선과 말을 너무 의식하지 말고 자신의 길에 정진하세요.

나만 잘하면 됩니다.

♦

다시 학원으로 돌아온 원장님

학원장의 삶을 보면 계속 학원 사업을 하는 분들도 있지만 다른 분야로 완전히 떠난 경우도 볼 수 있습니다. 그러나 잠시 떠났다가 다시 학원 사업으로 돌아오는 분들도 적지 않게 볼 수 있습니다. 이번에는 다시 학원 사업으로 돌아온 원장님에 대해 이야기를 해보겠습니다.

1980년대 말~ 1990년대 초반은 대한민국 학원 사업의 전성기였습니다. 국가의 과외 금지 조치가 풀리면서 공급이 수요를 따라가지 못했던 것입니다. 다만, 이 당시는 영어 프랜차이즈 개념이 없어서 대형 영어 프랜차이즈 학원은 없었습니다. 동네 학원이 개별적으로 돈을 번 것입니다.

이 원장님은 당시를 이렇게 표현하시더군요.
'돈을 포댓자루로 쓸어 담았다!'
엄청나게 많은 돈을 벌었다고 하셨습니다.
그런데 갑자기 학원 사업이 싫어졌답니다.
그냥 원장님 표현대로 쓰겠습니다.
'아줌마들이나 아이들만 상대하니 내가 아주 작은 사람처럼 느껴졌다.'

그래서 원장님은 지인의 권유로 신에너지 사업에 투자하고 새로운 사업을 시작합니다. 학원 업계를 떠난 것입니다. 그러나 불과 1년여 만에 원장님은 다시 학원으로 돌아옵니다.

돌아온 원장님은 '완전히 망가졌다'는 표현을 썼습니다. 학원 사업으로 벌었던 돈을 거의 다 써버렸고 자금이 부족해 서울에서는 학원을 할 수 없어서 1996년, 연고도 없는 경기도 광주에 자리를 잡습니다. 순전히 자금 사정에 맞춰 학원을 창업한 것입니다.

학원 인테리어 할 자금도 없어 여기저기 사정하고 대금 지급을 미뤄서 어렵사리 영어 학원을 창업합니다. 강의는 되지 않는 분이어서 두 명의 강사를 채용합니다.

학원을 운영하는 모습을 보니 역시 풍부한 경험에서 나오는 노련함이 있습니다. 그러나 왜인지 학원 운영은 그리 성공적이지 못했습니다. 당시 비교적 낙후되어있던 지역적인 문제인지 원장님의 역량 문제인지는 잘 모르겠습니다.

다시 학원 업계로 돌아오신 원장님들의 한 가지 공통점이 있습니다.(지극히 개인적인 경험에서 나온 결론입니다.) 다시 돌아와서 인상적인 모습을 보여주지는 못한다는 것입니다. 대부분 그냥 평범한 모습이었습니다. 크게 잘되는 것도 아니고 그렇다고 잘 안 되는 것도 아닌 상태.

아마도 '학원을 떠나 있는 동안 학원 운영에 대한 열정이 꺾였기 때문이 아닐까?'라고 생각해봅니다.

Chapter 3

학원 창업 이야기

♦

'1인 학원' 창업하기

보통 1인 학원이란, 교습소나 공부방(개인 과외 교습)을 의미합니다. 정식 명칭은 아니고 편의에 따라 분류한 것입니다.

　과거에는 학원 설립이 쉽지 않았습니다. 지금은 무슨 소리인가 하겠지만, 학원 간의 거리 제한도 있었고, 지금보다 학원 인가 평수가 넓었습니다. 그래서 학원을 하고 싶어도 자금 부족으로 할 수 없는 경우가 많았습니다. 그러나 학원 설립 조건은 계속해서 완화되었고 결국 혼자서도 학원 운영이 가능하게 되었습니다.

　음식점의 경우, 자기 장사를 하려면 임대 보증금을 포함해서 1억은 있어야 한다고 합니다. 그러나 1인 학원인 개인 과외 교습의 경우, 소자본으로 시작할 수 있으며 순전히 본인의 능력에 따라 상당한 수익을 낼 수 있습니다. 이렇게 진입 장벽이 낮기 때문에 당연히 1인 학원 숫자는 늘어나고 있습니다. 지금은 포화 상태라고 하지만 저는 더 늘어날 것으로 확신합니다.

　1인 학원은 강사, 학습지, 학교 방과 후 강사 출신이 창업하기 유리합니다. 특히, 학습지 출신 선생님들은 강의 능력, 상담 능력, 영업력이 있어 1인 학원에는 적격입니다. 최근에는 방과 후 강사 출신의 활약도 늘어나고 있습니다.

저도 어학원을 운영하다가 2006년에 '영어 교습소'를 창업했습니다. 강사 없이 혼자서 학원을 운영하기는 처음이었고, 프랜차이즈 없이 운영하는 것도 처음이어서 두려움을 가지고 시작하였는데 생각보다 빨리 지역에서 자리를 잡았습니다. 어학원을 운영하다가 교습소를 운영하니 속이 정말 편했습니다. 수익적인 면도 부족하지 않았습니다.

저는 학원 창업 희망자에게 큰 규모의 학원보다는 1인 학원을 적극적으로 추천합니다. 특히, 학원 사업을 처음 시작하는 분들에게는 더욱 그렇습니다. 최근에는 상당한 수익을 내는 1인 학원들이 속속 등장하고 있습니다. 충분히 도전해 볼 만하다고 생각합니다.

◆

프랜차이즈로 창업? 개인 브랜드로 창업?

프랜차이즈로 학원을 창업할까?

개인 브랜드로 학원을 창업할까?

이것은 학원 창업에 있어서 중요한 결정 사항 중 하나입니다.

결정에 앞서 장단점을 비교해보겠습니다.

프랜차이즈의 장점	프랜차이즈의 단점
1) 브랜드 파워	1) 구역권으로 인한 홍보 및 학생 모집 제한
2) 안정적인 프로그램 수급	2) 본사와 지사의 간섭
3) 운영 노하우 공유	3) 비싼 교재비
4) 학원 매각 시 유리	4) 본사 브랜드에 개인의 능력 및 개성이 묻힘

선택의 중요한 요소로서 우선, 학원장의 경험이 있습니다.

경험이 부족한 경우에는 프랜차이즈를 선택하는 것이 좋습니다. 학원 경험이 많아도 해당 분야를 잘 모르면(예를 들어, 수학 원장님이 영어 과목 도입) 프랜차이즈 도입이 현명한 선택입니다.

반면, 경험이 풍부하고 실력(교재 선정 및 활용 능력)을 어느 정도 갖추고 있는 경우에는 개인 브랜드로 창업하시는 것이 좋습니다.

학원장의 성향도 중요합니다.

타인의 간섭을 싫어하는 성향이라면 개인 브랜드로 가야 합니다.

프랜차이즈는 본사의 정책이 있고 정책 준수를 요구하므로 개성이 강한 원장님의 경우에는 갈등이 발생할 가능성이 있습니다. 자신만의 자료를 만들거나 연구하는 것을 즐기는 성향이라면 개인 브랜드가 좋습니다. 아무래도 개인 브랜드는 프랜차이즈보다 노력을 더 하셔야 합니다.

프랜차이즈와 개인 브랜드를 혼합한 형태도 있는데, 브랜드는 개인 브랜드로 하고 콘텐츠만 프랜차이즈 본사(콘텐츠 공급 업체)로부터 공급받는 방법입니다. 최근에는 이러한 계약이 인기를 끌고 있습니다. 체계적인 프로그램의 안정적인 공급이 가능한 프랜차이즈의 장점과 개인 브랜드의 장점을 혼합한 형태라고 말씀드릴 수 있습니다.

저는 개인적으로 혼합형을 추천합니다.

물론, 경험이 없는 경우라면 처음에는 프랜차이즈를 추천합니다. 그렇게 프랜차이즈 학원으로 경험을 쌓은 후(약 2년) 개인 브랜드로 전환하는 방법도 있고, 상황이나 성향에 따라 계속해서 프랜차이즈로 운영하시는 방법도 있습니다.

♦

공부방에서 학원으로 확장하기

큰 규모의 학원을 운영하는 원장님들은 소규모 학원을 부러워하는 경우가 있습니다. 반면, 공부방을 운영하는 원장님들은 큰 학원으로 확장하고 싶어 합니다. 실제로 공부방을 운영하다가 학원으로 확장하는 경우가 상당히 많이 있습니다. 공부방에서 학원으로 확장하는 경우의 대부분은 일정 수의 학생을 확보하고 있는 경우로, 안정적인 학원 운영에 대한 기초는 되어있습니다.

그런데 확장 후, 큰 변화를 느끼는 부분이 있습니다.

우선은 늘어난 비용에 대한 압박을 받습니다. 학원은 임대료 외에 건물 관리비도 무시할 수 없으며, 이외에도 기타 비용이 많이 들어갑니다. 월세 부담 없는 공부방에서 비용에 대한 큰 걱정 없이 공부방을 운영하다가 이와 같은 큰 변화를 겪게 되면 심한 정신적 압박감을 느낄 수 있습니다.

또한, 일부 학생은 학원으로 이전 시 퇴원합니다. 바로 퇴원보다는 이전 후 몇 개월 안에 퇴원이 많이 발생할 수 있습니다. 이런 학생들은 큰 학원이 맞지 않아서 공부방에 다닌 학생들입니다.

학부모가 원장을 대하는 시선이 이전과 달라져서 힘들기도 합니다.

간혹, 학원장을 인간적인 존재가 아닌 상업적인 상대로 대하는 경우가 있어 상처받을 수 있습니다.

　확장에 대해 조금은 부정적인 글을 썼습니다. 미리 마음의 준비를 하시라는 의미로 이해해 주셨으면 합니다.

　사실 제가 직·간접적으로 알고 있는 분들만 해도 공부방에서 학원으로 확장한 원장님이 상당히 많이 있습니다. 이분들 중에는 200명 이상의 대형 학원으로 성장한 경우도 있습니다. 아직 큰 실패 사례는 많이 보지 못했습니다. 기존 학생을 확보하고 있고, 지역에서 어느 정도 인지도를 확보하고 있다면 실패의 위험은 크지 않다고 생각합니다.

　그러나 정신적인 고충은 분명히 있을 수 있으며, 강사 및 직원과의 관계에 있어서 어려운 상황은 발생할 수 있습니다. 이런 부분들을 두루 고려하여 결정하셨으면 합니다.

어학원 원장에서 공부방 원장으로

큰 규모의 어학원을 운영하던 원장님들이 영어 공부방을 창업하는 것은 수년 전부터 주위에서 드물지 않게 보이는 현상입니다. 이분들이 공부방을 창업하는 이유는 주로 어학원 운영에 지쳤기 때문입니다. 재정적·심리적 압박이 그 요인입니다.

어학원을 운영하려면 창업부터 적지 않은 투자 비용이 들어갑니다. 임대 보증금, 인테리어 비용, 집기류 구매비, 간판 설치비, 때에 따라서는 프랜차이즈 가맹비 등 상당한 자금이 필요합니다.

운영 비용도 만만치 않습니다. 강사 급여, 차량 운영비, 임대료 등 부담이 상당합니다. 일정 수의 학생을 확보하지 못하면 피를 말리는 적자가 계속됩니다.

사람 관리도 어렵습니다. 함께 일하는 분들과 마찰이 발생할 수 있습니다. 혼자서 이 모든 것을 책임지려니 압박감이 상당합니다.

어학원을 접고 공부방 창업을 한 원장님들은 한결같이 말씀하십니다.
"정말 속 편해요!"
그 심정 충분히 이해됩니다.

과거와 달리 최근에는 강사 등 피고용인에 대한 법적인 의무 사항이 많아지며 학원장은 더욱 힘들어졌습니다. 사회적으로 보면 당연히 바람직한 변화이긴 하지만, 과거에는 강사 퇴직금 등 법적인 의무 조항이 없었으니 지금의 갑작스러운 환경 변화는 압박감을 느낄 만합니다.

그러나 공부방이 모든 분에게 대안이 될 수는 없습니다. 어학원을 훌륭히 운영하고 계시는 원장님도 많이 계십니다. 고용 창출로 사회에 이바지하겠다는 철학을 갖고 어학원을 운영하시는 분도 있습니다. 그러니 본인의 상황 및 성향에 맞는 대로 운영하면 됩니다.

다만, 학원의 소형화는 앞으로도 계속되리라 생각합니다.
'강소 학원'의 방향으로 말입니다.

◆

영어 유치원 창업

영어 유치원은 정말로 '아 옛날이여~'라는 노래가 생각나는 학원 사업 아이템입니다.

2000년대 초반, 영어 유치원의 기세는 놀라웠습니다. IMF 직후 영어의 중요성이 증대되고, 인터넷의 발달로 영어에 대한 관심이 더욱 커지면서 한국에는 영어 조기 교육 붐이 일었습니다. 하지만 당시 일반 유치원에서 영어를 가르치는 것은 불법이었습니다. 그러니 일반 유치원은 영어 유치원과 경쟁이 될 수 없었습니다.

그러나 영어 유치원에 눌려 힘을 쓰지 못하던 일반 유치원은 금세 전세를 역전시켰습니다. 위기를 느낀 일반 유치원이 영어 유치원으로 용도 변경을 하거나, 남는 공간을 활용하여 영어 과목을 추가함으로써 경쟁력을 갖추게 된 것입니다. 또한, 이것은 사회의 변화된 분위기와도 관계가 있습니다. 일반 유치원에서 배워야 하는 과정에 대한 중요성이 사회에서 인정을 받은 것입니다.

이제는 일반 유치원에서 영어 과목을 합법적으로 추가하여 경쟁력을 갖추게 됩니다. 학부모 입장에서 본다면, '영어만' 가르치는 영어 유치원보다 '영어도' 가르치는 일반 유치원을 선택하게 되는 것입니다.

결국, 현재의 영어 유치원을 보면 고가高價 브랜드, 혹은 전통의 강호 브랜드만 살아남았음을 확인할 수 있습니다. 2000년대 중반 이후 등장한 신규 브랜드의 영어 유치원은 거의 사라졌습니다.

이러한 상황을 보건대, 영어 유치원은 진입하기 무척 어려운 시장입니다.

우선, 막대한 초기 투자가 필요합니다. 영어 유치원을 찾는 학부모의 대부분은 일반 유치원과 차별화되는 시설을 원합니다. 그 기대감을 충족시킬 만한 고급 시설을 완비하기 위해서는 대규모 지출이 필수입니다. 한마디로 영어 유치원의 시작은 '자금 싸움'입니다.

또한, 신규 원생 등록 기간은 11월~2월에만 집중되는데, 이 시기에 학생을 모집하지 못하면 나머지 기간이 매우 힘들어집니다.

마지막으로, 학부모는 신설 영어 유치원보다는 역사가 있는 영어 유치원을 선호합니다. 굉장히 보수적인 선택을 하는 것입니다.

영어 유치원 창업을 구상하시는 분은 이런 요소들을 반드시 고려하시기 바랍니다.

◆

창업 시장 조사

영어 학원 시장 조사는 다음의 몇 가지 핵심 요소로 이루어집니다.

1) 학교

학교 수(초등·중등·고등학교), 학교별 학생 수에 대한 조사입니다. 이것은 학교 홈페이지를 통하여 대략적인 규모를 파악할 수 있습니다.

2) 세대수(인구수)

학원 인근에 몇 세대 정도 거주하는지에 대한 조사입니다.

3) 소득 수준

영어 전문 학원이라면 소득 수준이 높은 지역이 좋습니다.

4) 경쟁 학원 분석

지역에서 가장 장악력이 있는 영어 학원 등을 분석합니다.
직접 방문이나 전화상담을 통하여 파악할 수 있습니다.

5) 타 학원 수강료

수강료 책정의 기준이 될 수 있습니다.

6) 특수 시장 상황

신도시나 택지 개발 지구의 경우, 아파트 입주 시에는 보통 물량이 많아서 전세금이 매우 쌉니다. 그러나 3년 차가 되면 전세금이 대폭 상승하면서 전세금 상승분을 감당하지 못하고 많은 가정이 이사하는 경우가 있습니다. 또한, 해당 지역이 재개발이나 재건축 대상 지역일 수 있으니 조심하셔야 합니다.

시장 조사는 지도를 참조하고 직접 차량이나 도보로 이동하면서 꼼꼼히 살펴야 합니다. 하지만 사실, 요즘은 대부분의 시장이 포화 상태라 좋은 시장은 매우 찾기 어렵습니다. 또한 지역은 마음에 드나 마음에 드는 상가는 없을 수도 있습니다. 시장 조사가 크게 중요하지 않을 수 있다는 의미입니다.

다만, 다음과 같은 위치는 피하셨으면 합니다.

1) 상업 지구
고층 빌딩이 많은 상업 지구는 빌딩 상층부에 학원이 지나치게 많이 몰려 있습니다. 이런 곳에서 창업하면 고전할 가능성이 매우 큽니다.

2) 저층 주택(다세대, 빌라 등) 밀집 지역
저층 주택이 밀접한 지역은 영어 학원보다는 종합 학원이 적합합니다.

3) 학교 방과 후 수업이 활성화되어 있는 곳
학교 방과 후 수업이 활성화되어 초등학생들이 늦게까지 학교에 남아있는 학교가 가끔 있습니다. 이런 경우, 학생들이 학원으로 올 기회가 원천적으로 봉쇄됩니다.

4) 유해업소가 입주해 있는 건물

술집, 노래방, 그리고 유해업소로 분류되지는 않지만, PC방이 있는 건물도 피하는 것이 좋습니다.

5) 피아노 학원, 태권도 도장 등 체육관이 있는 건물

피아노 학원, 체육관의 공통점은 소음이 크다는 것입니다. 이런 곳에서 영어 학원을 운영하면 심리적인 스트레스도 이만저만이 아닙니다. 속병 듭니다.

6) 인근에 신도시나 택지 개발 계획이 있는 곳

이런 경우 보통 대규모 이사가 발생합니다. 신축 아파트와 더 좋은 환경을 찾아 이사하는 세대가 많아지는 것입니다. 향후 자연스럽게 퇴원생이 발생하게 됩니다.

♦
권리금 없는 영어 유치원

과거 영어 지사를 운영할 때, 용인 죽전에서 영어 유치원을 운영 중이라는 원장님의 상담 요청을 받고 방문한 적이 있습니다. 대화를 나누어보니 원장님은 운영에 상당한 어려움을 겪고 있었습니다. 영어 유치원이라 시설은 상당히 우수했습니다. 규모도 상당히 컸고요. 얼추 계산해 봐도 시설 투자비로만 2억 이상은 들어간 것으로 보였습니다.

원장님은 이 영어 유치원을 1년 전에 인수하셨다고 했습니다. 인수의 가장 중요한 이유는 권리금이었습니다. 학원 권리금이 0원이었기 때문입니다. 멋진 인테리어의 영어 유치원 권리금이 0원이었으니 무척 매력적이었을 것입니다.

그러나 현실은 녹록지 않았습니다. 월 400만 원이 넘는 임대료와 관리비, 차량 운행비, 강사 급여 등을 감당하기 매우 어려운 상황이었습니다. 또 집은 용인과 먼 안산이어서 출·퇴근하느라 육체적으로도 힘들다고 하셨습니다.

학원 권리금 0원. 얼핏 보기에 참으로 매력적인 조건입니다. 특히, 학원 인테리어가 화려하다면 더욱 관심이 갑니다. 그러나 이렇게 권리금이 0인 이유가 분명히 있습니다. 시설이 크게 낙후되고, 학생이 없

어 학원 권리금이 0인 경우도 있지만, 운영 비용이 과다해서 0인 경우
도 있습니다. 모든 것을 포기하고 보증금만이라도 건지기 위한 극한의
선택인 것입니다. 그러므로 학원 인수에는 항상 신중함이 필요하겠습
니다.

◆

원장의 영어 실력과 성공과의 관계

원장의 영어 실력과 공부방 성공은 밀접한 관계가 있을까요?
영어 실력이 뛰어나야만 공부방 운영을 성공시킬 수 있을까요?
제 경험을 토대로 보면 반드시 그렇지는 않습니다.

지금까지 많은 공부방 창업 희망자를 만나봤습니다. 창업 전, 예비 창업자들이 많이 걱정하는 것이 몇 가지 있습니다.

1) 본인의 영어 실력(특히, 말하기 능력) 부족
2) 학벌
3) 비非영문학 전공자
4) 경력 부족

위의 요소가 영어 공부방 창업 희망자를 위축시키는 대표적인 사항입니다. 하지만 모두 극복할 수 있는 요소입니다. 만약 현재의 실력이 조금 부족하다 싶으면 초등학생을 타깃으로 하는 공부방을 창업하세요. 그리고 지속적으로 공부해서 그 대상을 중학생까지 확대하는 것입니다. 프랜차이즈를 도입하여 부족한 부분을 보완하는 것도 한 방법입니다.

영어 실력 있는 것이 공부방 운영에 유리한 것은 틀림없습니다. 그러나 영어 실력이 성공을 보장하지는 못합니다. 소수의 용감한 사람을 제외하고는 대부분이 불안함을 안고 영어 공부방을 시작합니다. 영어 실력이 있는 사람도 마찬가지로 여러 가지 이유로 불안해합니다. 부족하다고 판단되면 위에서 말씀드린 것처럼 처음에는 프랜차이즈를 도입해서 운영하세요. 그리고 공부하고 노력하면서 실력을 키우면 됩니다.

◆ 프랜차이즈에 대한 과도한 기대는 금물

1996년부터 영어 프랜차이즈 업계에 몸담은 저는 프랜차이즈와 관련된 수많은 사례를 직·간접적으로 경험했습니다. 사례들을 살펴보면, 프랜차이즈 본사와 학원 간의 관계가 좋은 경우도 있지만, 갈등으로 치닫는 경우도 많습니다. 그렇다면 무엇이 갈등의 원인일까요?

저는 상호 간의 지나친 기대에 가장 큰 원인이 있다고 생각합니다.

프랜차이즈 본사는 가맹 학원이 일정액의 매출을 올려주기를 기대합니다. 그런데 매출 기대치가 크다 보면 학원에 압박을 가하게 되고 여기에서 갈등이 발생합니다.

반대로, 가맹 학원은 본사에서 무엇이든 해주기를 바라며, 학생 모집이 기대에 미치지 못하면 크게 실망하여 본사에 대한 불신을 갖게 됩니다. 또 이것저것 본사에 바라는 것이 많습니다. 특히 초보 원장님들의 경우, 프랜차이즈 본사에 과도한 기대를 하는 경우가 많은데 이것은 향후 갈등의 원인이 됩니다.

불신이 극에 달하여 심각한 충돌이 발생하기도 합니다.

오래 지난 일이긴 합니다만, 제가 한 유명 브랜드 영어 유치원 원장님께 들은 얘기로는, 로열티 지불을 독촉하러 온 본사 직원에게 격분한 어떤 원장님이 그 직원을 향해 사냥용 엽총을 겨누는 사건도 있었다고 합니다. '너희들이 해준 게 뭔데!'라면서요.(아, 다행히 불상사는 일어나지 않았다고 합니다.)

프랜차이즈로 학원을 개원한다고 해서 바로 학생들이 몰려들지 않습니다. 본사에서 학생들을 모아 준다는 말도 지나치게 기대하지 말아야 합니다. 본사나 지사에서 몇 번 홍보 지원한다고 학생들이 바로 모집되지 않습니다.

물론, 프랜차이즈로 개원하면 학생들이 초기에 몰려오는 브랜드가 있기는 합니다. 다만 가맹비가 매우 비쌉니다. 가맹비만 2억, 그리고 월 로열티가 매출액의 5%인 대형 브랜드들. 이런 대형 브랜드들도 초기에만 학생들이 모여들지, 운영을 잘못하면 다 빠져나갑니다.

그러니 프랜차이즈 브랜드에 너무 지나친 기대는 하지 않으셨으면 합니다. 그것이 서로 행복해지는 길입니다.

♦

이천 학원 실패 사례

경기도 이천에 있는 영어 전문 학원 이야기입니다. 원장님은 경기도 수원에서 속셈 학원을 운영하다가, 경기도 외곽은 경쟁이 덜 치열하리라 생각하고 1996년 이천에 개원했습니다. 꽤 브랜드 파워가 있는 프랜차이즈로 개원했으며, 인테리어도 깔끔하게 하고, 입대를 앞둔 아들과 함께 운영했습니다. 그런데 어쩐지 개원 초기부터 상당히 고전했습니다.

제가 분석한 고전의 원인은 다음과 같습니다.

1) 부적절한 학원 위치

임대료를 줄이고자 너무 외진 곳으로 들어갔습니다. 주위에 중학교는 있었으나 초등학교가 없었습니다. 원장님은 속셈·보습 학원의 경력이 많기 때문에 주요 타깃을 중학생으로 잡았습니다. 당시 외국어 학원의 주요 공략층인 초등학생의 중요성을 알지 못했던 것입니다.

2) 무리한 자금 동원

나중에 이야기를 들으니, 인테리어도 외상으로 해서 후에 법적인 소송까지 갈 정도로 여유 자금이 너무 부족했습니다. 최소 6개월은 버틸 수 있는 여유 자금을 가지고 학원을 시작했어야 합니다. 그런데 원장님은 여유 자금은커녕, 인테리어, 간판 등 대부분을 빚으로 시작했습니다.

3) 외곽 지역의 특수성

수도권을 벗어날수록 인맥과 의리가 매우 중요합니다. 기존 학원장과의 의리를 생각해서 학부모들이 학원을 쉽게 바꾸지 않습니다. 신설 학원은 고전할 수밖에 없는 여건입니다. 더욱이 원장님은 친화력이 좋은 편이 아니었기에 더욱 어려웠을 것입니다.

4) 강사 채용의 어려움

원장님이 가장 고통스러워하는 부분이었습니다. 도저히 강사를 구할 수가 없다는 하소연이었습니다. 아마도 예전 이천 지역은 시골 느낌이었으니 충분히 이해되는 부분입니다.

어느 날인가 갑자기 학원이 없어졌더군요. 모든 인테리어 시설을 그대로 남겨 두고 사라지셨습니다. 아마도 슬픈 사정이 있었을 것입니다. 원장님, 어디선가 멋지게 재기하셨기를 진심으로 바랍니다.

♦

분원 확장에 대하여

원장님들이 저에게 의견을 묻는 것 중 분원에 대한 것이 가끔 있습니다. 무척이나 행복한 계획입니다. 현재의 학원이 잘되고 있지 않으면 생각할 수 없는 일입니다. 보통은 현재의 학원이 학생 수용 한계에 도달했을 때, 또는 욕심나는 학원 매물이 나왔을 때 분원에 대해 생각합니다. 혹은, 멀리서 오는 아이들이 많은 경우에도 그 지역에 분원 계획을 세울 수 있습니다.

이에 대한 저의 의견은 이렇습니다.

'시스템이 구축되었고 분원 경영을 믿고 맡길 인력이 있을 때, 그리고 분원과 본원이 가까운 거리에 있을 때는 분원 설립을 고려할 수 있다.'

시스템의 완성도는 객관적인 평가가 어려우므로 학원장의 주관적인 판단에 의존해야 합니다. 그러니 결국 학원장 스스로 시스템에 대한 확신이 있을 경우를 말하는 것입니다. 가까운 거리도 정해진 거리는 없지만, 차량으로 편도 15분이 넘으면 곤란하다는 것이 저의 생각입니다. 즉, 아주 가까운 거리여야 한다는 의미입니다. 대형 어학원들은 분원을 멀리 지방에 설립하기도 하지만, 이는 시스템이 완전히 갖추어지고 브랜드 파워가 강력한 일부 대형 학원에만 해당됩니다.

최근 두 분의 원장님과 분원에 관한 대화를 나누었습니다.

한 원장님께는 어렵겠다는 저의 의견을 말씀드렸습니다. 이유는 거리(편도로 최소 30분 이상)가 가장 결정적이었고, 분원에 대한 계획이 구체적이기보다는 즉흥적이었기 때문입니다.(한 인터넷 학원장 카페에 매력적인 매물이 나와서 분원에 대한 의욕이 발동한 경우였습니다.)

반면에 다른 한 원장님은 학원을 설립한지 상당히 오래되었고, 이미 탄탄한 시스템을 갖추었으며, 또 앞으로도 시스템을 꾸준히 만들어나갈 수 있는 분이라는 생각이 들었습니다. 이런 경우에는 분원 설립을 충분히 고려해 볼 수 있습니다.

분원 설립은 최대한 신중히 생각하셔야 합니다.

섣부른 선택으로 본원까지 흔들리는 위험한 상황이 올 수 있습니다.

그러나 확신이 든다면 과감히 진행하세요!

♦

신도시에서 영어 학원 창업하기

창업에 있어 위치는 매우 중요한 요소입니다.

구(舊)도시의 경우, 이미 많은 영어 학원들이 자리를 잡고 있어 학생 모집이 쉽지 않습니다. 그래서 대안으로 생각하는 것이 신도시나 신규 택지 개발 지구인데, 여기에는 전략적 접근이 필요합니다.

신도시나 신규 택지 개발 지구가 학생 모집에 유리한 것은 틀림없습니다. 대부분의 주민이 타지에서 유입되었기 때문에 새로운 학원에 대한 수요가 자연스럽게 발생하기 때문입니다. 그러나 치명적인 어려움이 있습니다. 그것은 '비싼 임대료'입니다.

새롭게 택지가 형성된 지역은 예외 없이 임대료가 비쌉니다. 지역 모든 상가의 임대료가 비싸니 어쩔 수 없이 비싼 임대료를 감수하고서라도 개원합니다. 처음에는 별문제가 되지 않습니다. 수요는 많고 경쟁 영어 학원은 적어서 학생 모집이 비교적 수월하니 충분히 비싼 임대료를 감당할 수 있습니다.

그런데 시간이 흐르면서 심각한 문제가 발생합니다. 경쟁 영어 학원이 지속적으로 증가하면서 학생 이탈이 늘어나는 것입니다. 임대료는 그대로인데 학생 수는 줄어드는 상황. 더욱이 후발 주자로 들어 온 경쟁 영어 학원은 비교적 저렴한 임대료로 계약을 합니다. 이는 신도시의 패턴입니다.

비싼 임대료 → 공실 발생 → 임대료 하락

입주 초기에 개원한 학원의 지속적인 운영이 무척 어려운 구조입니다.
자, 대안이 떠오르지 않나요?
바로 공부방(개인 과외 교습)으로 시작하는 것입니다.

신도시나 신규 택지 개발 지구는 아파트 물량이 한꺼번에 쏟아져서 전세가가 매우 저렴합니다. 상가 임대료와는 완전히 반대 양상이죠. 학생 모집도 쉽고, 전·월세 가격도 저렴하니 영어 공부방을 운영하기에 상당히 유리한 상황입니다.
다만, 이 저렴한 전·월세도 계약 기간이 끝나는 2년 뒤에는 대부분 폭등하니 참고하시기 바랍니다.

원래부터 학원이 목표였다면, 우선 공부방 창업으로 자리를 잡고, 2~3년 뒤 임대료가 하락한 상가로 확장 이전하는 전략을 추천합니다. 공부방의 기존 학생들을 확보하고 있고 임대료도 크게 하락하니 이쯤에는 한번 승부를 걸어볼 수 있습니다.

하위권 전문 영어 학원

신생 영어 학원에게 가장 중요한 것은 '생존'입니다.
그리고 기존 학원과는 다른 생존 전략이 필요합니다.

어떻게 하면 이 치열한 영어 학원 시장에서 생존할 수 있을까요? 그것은 남들이 하지 않는 일, 싫어하는 일을 하는 것입니다. 하위권 전문 영어 학원이 어쩌면 대안이 될 수 있을 것입니다. 특히, 중·고등부 영어 전문 학원이라면 취해볼 만한 전략입니다.

고등부 전문 학원을 개원하신 원상님들께 많이 듣는 말씀이 있습니다. '이 동네는 이상하게 상위권 애들은 오지 않고 늘 하위권 애들만 들어와요.'

동네가 이상한 걸까요?
그렇지 않습니다. 학생이나 학부모 입장에서 생각해본다면 충분히 이해됩니다.
상위권 학생들이 대학교 입학에 있어 가장 중요한 고등학생 내신을 검증되지 않은 신생 영어 학원에 맡길 수 있을까요? 영어 교습소, 영어 공부방 등 1인 영어 학원인 경우는 더욱 그렇습니다. 처음에는 신뢰받기 어렵습니다. 결국, 올 수 있는 학생은 한정되어 있습니다. 하위권 학생들, 그것도 최하위권 학생들입니다.

현실을 받아들여야 합니다. 내가 아주 특별한 이력의 학원장이 아니라면 말입니다. 여기서 '하위권 전문 영어 학원'을 생각해 볼 수 있습니다.

네, 부작용도 우려됩니다. 학원 이미지가 걱정될 수 있습니다. 저의 경험으로도 아직 하위권 전문 영어 학원이라고 홍보하는 학원을 본 적은 없는 것 같습니다.

그러나 시대는 변하고 있습니다. 하위권 학생들의 숫자가 워낙 많아지고(정말 많아지고 있습니다) 과거와 달리 공부 못하는 것을 창피하게 생각하지 않는 것 같습니다. 그렇다면 한 번 승부를 걸어볼 만하지 않을까요?

정신 건강은 나빠질 수 있습니다. 하위권 학생들을 가르치는 것은 참으로 힘들지요. 현실을 파악하지 못하고 학원에 책임을 미루는 학부모를 상대하는 것도 만만치 않습니다. 그러나 신생 영어 학원이거나, 정말 열심히 해도 고전하고 있는 학원이라면 시도해 볼 만하다고 생각합니다.

하위권 학생 지도 시, 강의식 수업은 추천하지 않습니다. 학생의 실력 향상에도 도움이 되지 않고, 무엇보다 선생님의 스트레스가 너무 크기 때문입니다. 이럴 때는 온라인 영어 프로그램을 적절히 활용하면 스트레스를 줄여주고 학습적인 효과도 볼 수 있을 것입니다. 지금은 거대 온라인 교육 기관이 된 '시원스쿨'도 타깃이 영어 초보 시장이었습니다.

과거에는 공부 잘하는 학생들이 학원 성장에 도움이 되었습니다. 소개도 기대할 수 있고요. 그러나 지금은 그렇지 않습니다. 상위권 학생들은 친구를 소개해주지 않습니다. 오히려 하위권 학생들이 친구들을 데리고 옵니다. 이런 상황에서, 하위권 전문 영어 학원, 한번 고려해볼 만합니다.(물론, 정신적인 무장은 필요하겠습니다.)

♦

초기 운영 여유 자금

1996년도에 처음으로 영어 학원 업계에 발을 들여놓은 이후로 영어 학원 창업을 계획하는 많은 분을 만나왔습니다. 다양한 생각과 창업 계획을 가진 많은 분 중에는 비교적 걱정이 안 되는 예비 학원장분들도 있지만, 반대로 상당히 우려되는 분들도 있었습니다.

우려되는 영어 학원 창업자 유형 중에는 학원 설립 초기의 운영 여유 자금을 고려하지 않는 분들이 있습니다.

누구나 학원 창업 자금은 계획을 세웁니다. 예를 들어 보증금, 인테리어 비용, 냉·난방기, 간판 설치비, 책걸상 구매 등에 필요한 비용들. 그러나 초기 운영 여유 자금을 생각하지 못하는 분들이 의외로 많습니다. 초기 운영 여유 자금은 학원 설립 후 적자를 대비한 여유 자금을 의미합니다.

음식점 사업과 학원 사업을 비교해 보겠습니다.

음식점은 개업했을 때 잘 되는 경우가 많습니다. 흔히들 '오픈빨'이라고 하죠. 개업하자마자 매출이 발생하는 것입니다.

그러나 학원 사업은 다릅니다. 학생들 모집에 상당한 시간이 걸립니다(신도시 등 일부 예외적인 경우 제외). 그러나 비용은 고정적으로 발생합니다. 매출은 적고 비용은 고정적으로 발생하니 적자가 발생합니다.

이 적자 기간에 대한 여유 자금이 필요한 것입니다. 생활비까지 고려한 자금이 필요합니다.

여유 자금이 없으면 학원 운영 시, 상당한 정신적 압박을 받습니다. 그러다 보면 의사 결정에 실수가 발생합니다. 마음이 조급해지니 여유로운 계획을 세울 수 없습니다. 그리고 무엇보다 학원 생활이 고통스럽습니다. 그 고통은 학원의 경쟁력에 마이너스가 됩니다.

그렇다면 어느 정도의 여유 자금이 있어야 할까요?
학원 규모라면 최소한 1년은 버틸 수 있는 자금이 있어야 합니다.
영어 교습소 등 1인 학원은 6개월분은 되어야 할 것입니다.

예비 학원 창업자 중, 너무 큰 희망을 품고 있는 분들이 종종 있습니다.
'1~2개월이면 100명 모으지 않나요?'
이런 분들께 현실을 말하기는 참 곤란합니다.
자신감을 무너뜨리는 것 같아서.
그렇다고 현실을 말 안 해주는 것도 적절치 않다고 생각합니다.

학원 창업 시에는 반드시 여유 자금을 고려하여 창업하시기 바랍니다.
그 여유 자금이 내 돈이든, 빌릴 수 있는 은행 돈이든지요.

자가 상가 vs 임대

자가 상가로 창업하는 것이 좋을까요?

아니면 임대로 창업하는 것이 좋을까요?

일견 매우 쉬운 결정인 듯합니다.

'돈 있으면 당연히 자가 상가가 최고지!'라는 생각이 일반적일 것입니다.

그러나 꼭 그렇지만은 않습니다. 매월 고정적으로 지출되는 임대료가 아까워서 상가를 구입하여 학원을 창업했다가 후회하는 경우도 많습니다.

상가는 보통 대출을 받아 매입하는 경우가 많습니다. 대출 금액에 따라 이자 부담이 다르지만, 보통은 상당한 이자 부담을 안고 있습니다. 매월 내야 하는 이자가 적지 않습니다.

세금도 적지 않습니다. 상가를 구입하고 보유하는 경우에는 이에 대한 세금을 내야 합니다. 이자와 세금을 고려하면 월 임대료 내는 것과 비교하여 큰 차이가 없을 수 있습니다.

가장 큰 문제는 상가 매각 시 발생합니다. 아파트와 달리 상가는 환금성이 현저히 떨어집니다. 또한, 매각에 오랜 기간이 걸릴 수 있는데 그동안 마음고생이 상당합니다.

좋은 점도 당연히 있습니다. 임대료 인상에 대한 걱정이 없으니 인테리어 등에 마음껏 투자할 수 있고, 마음이 편안하니 걱정 없이 학원 운영에 전념할 수 있습니다. 그러나 위의 설명처럼 좋지 않은 부분도 상당히 많습니다. 그러니 학원 임대료가 지나치게 비싼 것이 아니라면 너무 아까워하지 마시기를 바랍니다. 임대료는 어차피 비용 처리가 됩니다!

◆
또 하나의 복병, 관리비

학원을 창업하고자 상가를 알아볼 때, 임대료만 생각하기 쉽습니다. 하지만 막상 학원을 운영하면서 관리비에 깜짝 놀라는 경우가 있습니다. 별로 신경 쓰지 않았는데 그 비용이 적지 않기 때문입니다.

그러면 어떤 상가가 관리비가 비싸고 어떤 상가가 저렴할까요?

일반적으로 대형 건물은 관리비가 비쌉니다. 관리비는 실평수가 아닌 임대 평수 기준으로 부과되는데, 대형 건물은 지하 주차장이 넓으므로 당연히 관리비가 비쌉니다.

관리비가 가장 저렴한 상가는 단지 내 상가입니다. 그중에도 엘리베이터가 없는 2층짜리 상가가 가장 저렴합니다. 사실 저렴한 것이 아니라 관리비가 아예 없기도 합니다. 다만, 단지 내 상가는 관리인이 따로 없어 입주자들끼리 돌아가며 관리를 해야 하는 불편함은 있습니다.

창업 계획이 있거나 이전 계획이 있다면 참조하시기 바랍니다.

♦

재직 강사의 학원 인수

학원을 인수하는 형태를 보면 학원 중개업체를 통하는 등 모르는 사람끼리의 거래가 대부분이지만, 재직 중인 강사가 학원장의 권유 등으로 인수하는 경우도 적지 않게 볼 수 있습니다. 재직 중인 강사는 학원 사정을 비교적 정확히 알 수 있으므로 상당히 많은 학원 정보를 확보하고 있습니다. 그렇다면 이런 경우 학원 인수 후 성공 가능성이 제삼자와 비교하여 상대적으로 클까요?

네, 분명히 유리한 것은 사실입니다. 학원 사정도 잘 알고 학생들도 잘 알고 있으니 유리합니다. 그런데 한 가지 치명적인 실수가 있을 수 있습니다. 바로 권리금입니다. 재직 중인 강사가 학원을 인수하는 경우, 대부분 제삼자에 비해 비싼 권리금을 지급하는 경우가 많습니다.

학원장으로서는 재직 강사를 제삼자보다 편하게 생각하기 때문에 협상에 그리 큰 부담을 느끼지 않습니다. 그래서 욕심을 버리지 못하는 경우가 많습니다.(물론, 그렇지 않은 원장님도 계시지요.)

반대로 강사 입장에서는 학원장이 제시하는 학원 권리금 협상에 심리적으로 어려움을 느낄 수 있습니다. 깎아 달라는 말을 하기 쉽지 않은 것입니다. 그리고 내가 이 학원을 잘 안다는 지나치게 긍정적인 생각에 빠질 수 있습니다.

잘 아는 사이에서는 파는 사람이 더 유리하다는 것이 저의 견해입니다. 실제로, 강사로 재직 중에 가능성을 보고 학원을 인수했다가 후에 과도한 학원 권리금으로 고통스러워하는 경우를 적지 않게 보아왔습니다.

그렇다면 이럴 때 어떻게 협상하는 것이 좋을까요?

정답은 '직접 하지 않는 것'입니다. 대리인을 내세워 협상하는 것이 가장 효과적입니다. 협상을 다른 분께 맡기거나 결정권이 다른 분에게 (예를 들어 부인, 남편) 있다며 한발 물러서는 모습을 보이세요. 그러면 분명히 더 좋은 조건을 제시받을 것입니다.

♦

뼈아픈 어학원 인수 실패 사례

용인의 어학원 인수 사례입니다.

학원 면적이 약 100평이었으니 규모가 어느 정도 있는 학원입니다. 학원 매매 시점의 순이익은 월 700만 원 정도였습니다. 기존의 학원장은 학원을 매각하기 직전에 자신의 친척을 상담 실장으로 채용하고, 실질적인 원장의 역할을 상담 실장에게 맡겼습니다. 원장의 업무를 줄여 학원 매각을 유리하게 하기 위함이었죠. 상담 실장이라는 분은 학원 경험이 전혀 없는 분이어서 월 급여가 120만 원으로 적게 책정되었습니다.

서울에 거주하던 30대 초반의 젊은 남자분이 이 학원을 인수했습니다. 학원 권리금은 4,000만 원 정도였던 것으로 기억합니다. 순이익이 월 700만 원이고 시설이 어느 정도 갖추어져 있는 학원이니 4,000만 원이면 저렴하다고 판단하고 계약을 진행했습니다.

그런데 학원장이 바뀐 것을 학부모들이 알면 대거 퇴원이 발생할 것을 걱정하여 새롭게 인수한 원장님을 그냥 강사라고 소개하기로 합니다. 그러면서 상담 실장이 학원을 인수했다고 학부모들에게 공지했습니다.

이후 상담 실장은 급여를 올려 달라고 합니다. 요구액은 250만 원. 자신이 실질적인 원장 업무를 하기 때문이라는 명분이었습니다. 게다가 기존 강사들과 뭉쳐서 사사건건 어깃장을 놓으며 인수한 원장님이 경영권도 행사하지 못하게 합니다. 하지만 경험이 없는 젊은 원장님은 막 인수한 학원이 잘못될까 봐 울며 겨자 먹기로 실장의 요구를 수용했습니다.

설상가상으로 이번에는 강사들이 단체로 급여 인상을 요구합니다. 그동안 너무 박봉으로 일했다며 4명의 강사가 월 20만 원씩 인상을 요구했습니다.(제 기준으로 절대 적은 금액이 아니었습니다. 더욱이 주 4일만 근무하는 매우 좋은 조건이었습니다.) 거부 시 단체 퇴사하겠다며 학원장을 압박했고, 새로운 학원장은 이번에도 하는 수 없이 강사들의 요구를 수용합니다.

도대체 누가 주인인지 알 수 없는 이 상황, 이후의 학원 생활은 예측되지 않나요? 결국, 순진한 원장님은 견디지 못하고 다시 학원을 매물로 내놓았습니다.

또 다른 분이 학원을 인수합니다.

이번 원장님은 성격이 좀 강성인 분이었고, 이번에는 상담 실장이 다른 조건을 제시합니다. 급여는 250만 원으로 동결하되 3년간 고용 보장을 요구한 것입니다. 그리고 강사들은 다시 추가적인 급여 인상을 요구했습니다. 하지만 인수한 학원장은 이를 거절합니다. 이런 갈등은 계속되었고, 결국 학원은 사라졌습니다.

참으로 씁쓸합니다.

학원 인수, 특히 규모가 작지 않은 학원의 인수는 쉬운 일이 아닙니다.

순이익에 비해 권리금이 싸다고 결코 쉽게 결정해서는 안 되겠습니다.

◆
경험 vs 열정

성공적인 학원 운영을 위한 요소로 경험이 중요할까요? 아니면 열정이 중요할까요? 저는 이 질문에 단호하게 대답할 수 있습니다.
'열정'입니다.

열정이 있으면 현재 상태는 부족한 것이 많더라도 경험자의 조언을 경청하여 수많은 시행착오를 거치며 결국은 배워나갑니다. 시행착오는 시간적, 금전적 손실을 초래하지만 그럴만한 가치가 있습니다. 사람은 직접 겪어봐야 온전히 자신의 것으로 만들 수 있습니다.

제가 겪은 열정이 있는 원장님은 다음과 같은 기본 패턴이 있습니다.

1) 전화를 자주 합니다.
수시로 전화를 합니다.
궁금한 게 많으니 계속 전화합니다.

2) 동료 학원장을 찾아갑니다.
배우겠다는 자세로 이런저런 것 생각하지 않고 무조건 찾아다닙니다.
자존심이요? 이런 분들은 크게 신경 쓰지 않습니다.

3) 이벤트를 많이 합니다.
이벤트를 하면 학원 운영에 좋다고 하니 일단 해 봅니다.

4) 학원 홍보를 많이 합니다.

입소문에 의존할 수 있는 여건이 되지 않으니 홍보에 대한 의존도가 높습니다.

5) 타 학원을 계속 조사합니다.

주변 학원의 좋은 사례, 나쁜 사례들을 계속 접하면서 하나하나 배워나갑니다.

제가 겪어온 그동안의 사례를 토대로 보건대, 경험은 시행착오를 줄여줄 수는 있으나 성공을 보장하지는 않더군요. 물론, 시행착오를 줄이는 것도 중요하기는 합니다. 하지만 시행착오를 줄이는 데에 너무 초점을 맞추다 보면 강한 영어 학원으로 가기 위한 도전은 점점 멀어질 수밖에 없습니다. 그래서 저는 열정에 더 높은 점수를 주고 싶습니다.

♦
망한 학원 자리는 이유가 있다?

학원 창업을 위해 학원 자리를 알아보다 보면, 학원이 망해서 나간 자리를 접하게 되는 경우가 있습니다. 이런 자리를 보면 어떤 생각을 하시나요? 아마도 부정적인 생각을 하시지 않을까요? '망한 학원 자리는 분명히 이유가 있다!' 하면서요.

그런데, 정말 망한 학원 자리에 창업하면 반드시 이전 학원과 같은 결과가 나올까요?

제가 사는 곳에 이에 대한 좋은 예가 되는 학원이 있어서 소개해 보려고 합니다.

이 학원은 실평수가 약 20평을 조금 넘어 보습 학원 인가를 간신히 받은 학원입니다. 기존에 있던 학원이 망해서 나가고, 3년 이상을 빈 상가로 있었던 그 자리에서 상당한 성공을 이어오고 있습니다. 정확한 학생 수는 알 수 없지만 150명이 넘는 듯합니다. 상가 규모에 비하면 적지 않은 인원입니다. 학원이 몰려 있는 상가와는 조금 떨어져 있어서 학생 모집이 쉽지 않은 위치인데도 불구하고 엄청나게 선전하고 있는 것입니다.

그러면 이 학원의 성공 비결은 무엇일까요?
저는 크게 두 가지로 봅니다.

우선, 개원 전 원장님의 인지도입니다.

원장님은 인근 초등학교에서 방과 후 강사로 영어를 가르쳤습니다. 그래서 자연스럽게 동네에서 인지도가 높아졌고, 이것은 학원 성공의 큰 이유가 되었습니다.

학원 차별화에도 성공했습니다.

스파르타 학원으로 운영하며 엄청난 양의 학습으로 학부모의 호감을 얻은 것입니다. 최근에는 스파르타 학원의 기세가 많이 약해졌지만, 이것이 오히려 다른 학원과의 차별화 요소가 된 것입니다. 이런 상승세가 6년 이상 지속되고 있으니 일시적인 성공은 아닙니다.

망한 학원 자리라고 너무 쉽게 결론 내리지 않으셨으면 합니다.

학원 시설을 거의 그대로 쓸 수 있어 오히려 좋은 기회가 될 수 있습니다.

(신규 학원 입장에서만 글을 썼습니다. 시설을 그대로 놔두고 나갈 수밖에 없었던 원장님께는 위로의 말씀을 드립니다.)

◆

최악의 초등부 개원 시기는?

학원 규모가 클수록 학원 개원 시기는 중요합니다. 임대료 등의 비용 부담이 커서 최대한 빨리 손익 분기점을 넘겨야 하기 때문입니다. 반면에 영어 공부방, 영어 교습소 등 운영 비용 부담이 크지 않은 1인 영어 학원은 비교적 개원 시기가 자유롭습니다. 거주하는 집에서 창업하는 형태인 영어 공부방(개인 과외 교습)은 월 지출 금액이 거의 없으니 개원 시기에 대한 고민이 크지 않습니다.

그렇다면 최악의 초등부 영어 학원 개원 시기는 언제일까요?

저는 4월이라고 말씀드리고 싶습니다.

초등부 영어 학원의 최고 성수기는 12월 말~3월 초입니다. 좀 과장한다면 이때 모은 학생으로 거의 1년을 이끌어가야 하는데, 4월은 학생들의 이동이 거의 끝난 시기입니다.

그리고 학원의 또 다른 성수기는 2학기 시작 시기입니다. 그런데 4월부터 이 시기까지는 기간이 너무 깁니다. 그러니 학생 모집에 있어 상당히 불리합니다.(시기와 관계없이 인구가 유입되는 신도시나 택지 개발 지구는 예외입니다.)

10월도 학원 개원 시기로 바람직하지는 않으나, 12월 말부터 학생들의 이동이 있으니 조금만 참으면 되고, 오히려 이 시기에 학원을 홍보하고 시스템을 갖출 수 있어 그리 나쁘지 않습니다.

　최근에는 학원 성수기의 개념이 사라지기는 했습니다. 하지만 학원이 힘든 시기는 사라지지 않았습니다. 그러니 꼭 위 내용을 참조하여 학원을 개원하셨으면 합니다. 다만, 1인 학원은 개원 시기에 큰 비중을 두지 않아도 됨을 다시 한번 말씀드립니다.

♦

1인 학원도 투자가 필요하다

규모가 작은 1인 학원이라고 마인드까지 작아서는 곤란합니다.

1인 학원을 성공적으로 운영하기 위해서는 적절한 투자도 필요합니다.

아끼면서 1인 학원을 운영하는 것은 좋습니다. 그러나 절약과 투자의 개념을 구분해야 합니다. 강의에 도움이 된다고 판단되면 비싼 전자 칠판도 구매할 수 있어야 합니다. 노트북에 대한 투자도 있을 수 있습니다.

또한, 학생들의 편의를 위해서는 투자를 아끼지 말아야 합니다. 냉·난방비 너무 아끼지 마세요. 국가적인 기준으로 보면 이는 바람직한 행위가 아닐 수 있으나, 우리 학생들의 편의도 중요합니다. 덥거나 추우면 학생들의 수업 집중도가 떨어집니다. 학생들에게 쾌적한 교육 환경을 제공해야 합니다.

1인 학원은 학원장의 능력이 절대적이니, 나를 계발하기 위한 것에도 투자해야 합니다. 공부도 더 하고, 컴퓨터도 배우고, 블로그도 배우고, 강한 학원을 만들기 위한 각종 세미나에도 참석하고 말입니다. 적지 않은 수강료를 받는 학원장은 그래야 할 의무가 있습니다.

적절한 투자는 필요합니다.

그리고 그 이상의 수익을 내면 되는 것입니다.

자본주의 사회에서, 투자 없는 성장이 있을 수 있나요?

◆

모두의 우려를 넘어 탄탄한 학원으로

학원은 어떤 곳에 개설해야 할까요?

학원 경험이 전혀 없는 일반인과 학원 경험이 오래된 분들 사이에는 분명한 시각 차이가 있습니다. 일반인들은 '월세가 높은 것에는 이유가 있다'라는 강력한 믿음으로 위치가 좋은 곳을 선호합니다. 즉, 임대료가 비싼 곳을 선택합니다.

그러나 학원 전문가의 관점은 다를 수 있습니다. 굳이 임대료가 비싼 전면 도로 건물을 고집하지 않습니다. 임대료가 낮은 곳에서도 훌륭히 학원을 운영할 수 있다고 생각하기 때문입니다. 이번에 소개할 원장님은 일반인의 우려뿐만 아니라 학원 전문가의 우려도 완전히 뒤집어 버렸습니다.

원장님은 강사 경력이 4년 정도 되는 20대 후반의 젊은 여성분입니다. 강사 생활을 하면서 독립에 대한 꿈을 꾸게 되었고, 퇴직 전부터 학원 위치를 철저히 조사했습니다. 원장님이 마침내 결정한 곳은 파주의 외곽 지역이었습니다. 운정, 교하 등 파주 신도시가 아닌 시골 같은 지역에 개원한 것입니다.

저도 그곳을 방문한 적이 있습니다. 아파트는 없고 연립 주택 같은 주거 형태도 거의 없었습니다. 이런 지역은 전 과목 보습 학원은 가능해도 영어 전문 학원은 어렵다고 보는 것이 보통입니다.

이 지역을 잘 알고 있는 학원 관계자의 말을 들으니, 이 지역에는 그동안 영어 전문 학원이 있었던 적이 없다고 하더군요. 모두 저가의 전 과목 보습 학원만 있었다고 했습니다.

원장님이 계약한 상가는 기존에 보습 학원이 있던 자리인데, 2년 이상 비어있던 자리였습니다. 이런 경우 보통은 계약을 망설입니다. 좋지 않은 상가라고 생각하기 때문입니다.

그러나 원장님은 나름의 시장 조사를 통해 확신을 가졌습니다. 물론, 가장 강력한 동기는 저렴한 임대료였습니다. 30평 규모였지만 월 임대료가 50만 원에 불과했습니다. 더욱이 별도의 관리비도 없었습니다.

대신, 원장님은 인테리어에 정성을 들였습니다. 인테리어 업체의 도움은 조금 받았지만, 본인의 발품을 팔아서 직접 인테리어를 했습니다. 많은 비용을 투자하지는 않았지만 시설이 매우 훌륭했습니다. 특히, 유리를 많이 활용하여 산뜻하고 공간이 넓어 보이는 효과를 줬습니다.

원장님은 강의도 잘하지만, 친화력도 대단합니다. 개원 전에는 학원 앞에 있다가 아이들이 지나가면 웃는 얼굴로 말을 걸고 학원에 오라고 권유합니다. 전혀 부끄러워하지 않습니다.

개원 결과는 나쁘지 않았습니다.
1년이 되지 않아 혼자서 50명 이상을 강의합니다.
우려를 뒤집은 것입니다.
실력과 열정이 있으면 못 할 지역은 없나 봅니다.

◆

엄청난 비전을 가졌던 예비 학원장

이분은 국내 일류 대학 경영학과를 졸업한 후, 호주에 유학을 다녀온 전형적인 엘리트였습니다. 당시 벤처 회사의 이사로 재직 중이었는데, 호주와 한국의 교육을 비교해보니 한국 학생들이 너무나도 불쌍해서 한국의 교육에 큰 변화를 주고 싶다는 것이 영어 유치원 창업을 결심하게 된 배경이었습니다.

영어 유치원 사업을 하기 위해서는 상당히 많은 자금이 필요합니다. 예비 원장님은 펀딩을 통해서 자본을 유치하겠다고 했습니다. 주주를 모집해서 영어 유치원을 설립하겠다는 계획이었습니다. 벤처 회사 출신다운 생각이었습니다.

이후 저에게 영어 유치원 창업에 대한 조언을 구하면서 많은 대화를 할 기회를 가졌는데 저는 이러한 느낌이 들었습니다.

'음, 학원 사업을 얕잡아 보고 있구나.'

예의 바르고 말투도 공손했지만, 학원 업계 경험자의 말은 고정관념이라고 생각하는 느낌을 지울 수 없었습니다.

이 예비 원장님은 저에게 이런 계획을 제시했습니다.

1) 외국인 강사를 전원 교사 자격증을 갖춘 분들로 호주에서 직접 채용한다.

급여는 타 학원의 1.5배를 보장한다.

2) 무조건 마당이 있는 단독 건물에 영어 유치원을 설립한다.

3) 한국인 강사는 강의 투입 전 6개월간의 사전 교육을 이수하게 한다.

한국인 강사도 타 학원 급여의 1.5배를 보장한다.

교육 기간에도 급여는 100% 지급한다.

멋진 비전입니다. 그러나 현실적인 계획일까요? 외국인 강사를 지속적으로 전원 교사 출신으로 구성하는 것이 가능할까요? 강사 급여는 처음부터 전액 지급하면서 6개월간 교육받게 한 후 강의에 투입한다?

글쎄요, 대기업에는 적용할 수 있는 좋은 비전이라 생각합니다. 하지만 학원 사업에 적용하기에는 무리가 있다는 것이 저의 생각입니다. 학원 사업도 수많은 능력자가 처절히 경쟁하며 살아가는 곳입니다. 외부에서 보듯이 그리 만만한 시장이 아닙니다.

후에 학원을 개원도 하지 못하고 사업을 접었다는 소식을 들었습니다. 수입은 전혀 없는데, 계속 자금이 투입되자 투자자들의 불신이 커지면서 좌초한 것입니다.

어느 사업 분야라도 치열한 경쟁이 있고 노하우가 있습니다. 사업을 하려는 분야에 대한 존중심이 먼저 있고 이후에 그 시장을 객관적으로 평가하고 분석해야 성공하지 않을까요?

평촌 영어 유치원 동업 실패 사례

지금 생각해도 상당히 아까운 영어 유치원입니다.

이 영어 유치원은 일반 유치원을 용도 변경해서 설립된 곳이라 기본적으로 시설이 잘 갖춰져 있었습니다. 단독 건물에 마당과 수영장까지 있었으니 시설만으로도 경쟁력을 확보할 수 있을 정도였습니다. 게다가 입지도 무척 좋았고 주위에 경쟁 영어 유치원이 없어서 성공 가능성이 매우 커 보였습니다.

영어 유치원으로 업종을 변경하며 유치원 원장님이 이사장, 부인은 교수부장, 그리고 동업자를 원장으로 조직을 구성했습니다. 당시 세 분의 나이는 40대 초·중반.

그런데 동업자로 합류한 원장님에 대한 의아함이 매우 컸습니다. 이 분은 미술 학원 원장 출신으로 영어 학원 운영 경험이 전혀 없었습니다. 동업 이유는 자본 투자가 어느 정도 가능했고(그러나 큰 금액은 아님) 학원을 운영해 본 경험이 있어서였다고 합니다.

하지만 미술 학원 운영 경험이 영어 유치원 운영에 큰 도움이 될 수 있을까요? 영어 유치원이라 개원과 동시에 원어민 강사 두 명과 한국인 강사 한 명이 있었는데, 이 정도 규모면 만만치 않은 영어 학원 운영 능력이 필요합니다. 게다가 원장님은 영어도 거의 하지 못했습니다. 교수부장님도 짧은 외국 유학 경험만 있을 뿐, 강의 경험은 없었습니다.

어쨌든 워낙 학원 위치와 시설이 좋고, 인근에 경쟁 학원이 없어 모집 예약에 상당한 인원이 들어왔습니다. 3월 개원을 앞두고 12월부터 등록 예약을 받는데 금방 60명 정도가 예약하더군요. 영어 유치원에서 60명이면 적지 않은 모집 결과입니다.

드디어 3월에 개강을 했고, 수많은 문제가 터져 나옵니다. 특히, 외국인 강사와의 트러블이 지속적으로 발생합니다. 영어 학원 운영 경험이 있었다면 모두 예방이 가능한 문제들이었습니다.

세 분 모두 지나치게 좋은 인품을 가진 것도 문제였습니다. 기분 상할까 봐 서로에게 싫은 소리를 하지 못하니 문제점이 발견되어도 개선할 방법이 없었습니다.

게다가 모두 여가 생활을 중시합니다. 특히 원장님은 근무 중에 수시로 낚시 채널을 시청하시더군요. 쏘가리 낚시광이라면서 말입니다. 그리고 평일(근무일)에도 꼭 한 번은 낚시하러 가십니다. 개인의 자유라고 할 수도 있는 영역이지만, 원장으로서 그런 행동을 하는 것이 저에게는 좋게 보이지 않았습니다.

그렇게 유치원 운영은 점점 엉망이 되어갔고 결국, 1년이 안 되어 학원 건물을 매각하기로 합니다. 학원 건물은 이사장님이 아버님께 상속받은 재산이었는데, 이사장님은 그것을 지켜내지 못했다고 무척 괴로워하셨습니다.

워낙 입지가 좋아 학원 건물은 바로 매각되었습니다. 그리고 영어 유치원은 사라졌습니다.

당시, 저는 많이 고민했었습니다.

'내가 저 학원을 인수할까?'

하지만 당시 제 나이와 경제력으로는 욕심이라 판단하여 포기했습니다. 그만큼 아까운 영어 유치원이었습니다.

건물이 매각된 후(외부인들은 영어 유치원이 매각된 것을 모르는 상황) 겨울 동안 입학 상담이 엄청나게 오더군요. 그래서 폐원이 더욱 아쉬웠습니다.

좋은 분들이어서 안타까운 마음이 큽니다.

참 따뜻한 마음을 가진 분들이었는데.

♦

아주 작은 동네에서 성공하기

아주 작은 동네에서도 성공적으로 학원을 운영할 수 있을까요? 성공적인 학원 운영이라는 기준이 사람마다 다를 수 있지만, 아래의 학원은 제 기준으로 성공을 거둔 학원이라 판단되는 사례입니다.

 이 학원은 용인시 처인구에 위치하고 있습니다. 학원 주위에는 아파트가 없습니다. 빌라만 조금 있는 지역으로 초등학교가 하나 있는데, 전교생이 약 300명이 안 되는 작은 학교입니다. 중학교는 차로 5분 정도 떨어진 곳에 딱 하나 있습니다. 이렇게 작은 시장인데도 몇 개의 학원이 경쟁하고 있습니다.

 원장님은 7평짜리 영어 교습소로 창업했습니다. 꼼꼼한 지도로 동네에 소문이 나서 1년 만에 30명까지 학원생이 늘어납니다. 확장을 고민하던 원장님은 마침 같은 건물에 있는 종합 학원이 매물로 나오자 바로 인수합니다.

 인수한 학원은 실평수 40평 규모로 비교적 큰 편이었고, 좁은 지역에서 영어 한 과목만으로는 승산이 적다고 판단하여 과감히 수학을 접목, 영·수 전문 학원으로 전환합니다.

 학원은 꾸준히 성장하여 100명까지 학원생이 늘어납니다. 고등학생 강의를 하면 더 늘어날 수 있으나 원장님은 삶의 질을 고려하여 고등부는 운영하지 않습니다.

시장이 크다고 학원 운영에 무조건 좋은 것은 아닙니다. 그만큼 경쟁 업체들도 많지요. 물론 지나치게 시장이 작은 지역도 우려스럽긴 합니다. 그러나 임대료를 적게 내며 약 100명의 학생을 원장님 포함 3명의 선생님이 커버한다면 실속 있는 학원이라고 생각합니다.

◆
두렵지 않은 사람이 어디 있으랴

영어 학원 업계에 오랫동안 종사해오면서 참 많은 예비 학원 창업자 분들을 만나봤습니다. 그중에는 학원 창업에 대한 두려움이 전혀 없이 대단한 자신감으로 창업하는 경우가 있는가 하면, 창업에 대한 두려움이 과할 정도인 경우도 보아 왔습니다. 두려운 나머지 계속 강사로 근무하거나 창업을 아주 먼 미래의 계획으로만 생각합니다.

사실, 대부분의 사람은 창업이 두렵습니다.
그러면 생초보가 학원 창업을 더 두려워할까요?
아니면 학원 경험자가 더 두려워할까요?
네, 학원 경험자가 학원 창업을 더 두려워합니다.

저의 경우를 예로 들어 보겠습니다.
2002년 처음 오너로 영어 학원을 창업하여 운영하다가, 향후 학원 업계는 브랜드 파워를 갖춘 200평 이상 규모의 대형 어학원 아니면 1인 학원만이 생존 가능할 것을 예상하여, 2007년에 어학원을 매각하고 거주지 근처에 영어 교습소를 개원했습니다. 하지만 개원 전 두려움이 적지 않았습니다. 아니, 매우 두려웠습니다.
프랜차이즈 브랜드에 기대어 영어 학원을 운영하다가 개인 영어 브랜드로 시작하는 것과 거주지 근처에 개원했지만 단 한 명의 인맥도 없이 시작해야 한다는 것, 또 무엇보다 '남자 혼자 영어 교습소에 있으면 여학생 모집에 불리하지 않을까?'라는 걱정 때문이었습니다. 게다가 그리 멀지 않은 곳에 대형 어학원이 있었습니다.

할 수 있을까? 학생 수 0에서 시작하는 상황.

그런데 이런 두려움이 저만의 것이었을까요?

지금은 상당한 위치에 있는 원장님들도 시작할 때는 두려웠다는 경험담을 말씀하시더군요.

성공한 원장님의 현재 모습만 보아서는 안 될 것입니다.

그만큼 시작은 누구에게나 두렵습니다. 학원 경험자라 두렵지 않을 것 같지만 학원 경험자라 오히려 더 두렵습니다. 그러니 창업을 마음먹었다면 너무 두려워하지 마시고 어느 순간에는 결단을 내리시기 바랍니다.

단, 막대한 창업 비용이 필요한, 규모가 큰 학원 창업은 추천하지 않습니다. 영어 교습소, 영어 공부방 등의 1인 영어 학원부터 시작하실 것을 추천합니다. 1인 영어 학원은 잃을 것이 거의 없으나 그 결과물은 상당할 수 있습니다.

Chapter 4

학원 운영 이야기

◆

막 개원한 영어 학원의 전략

학원을 새로 열면서 시장 조사를 하다 보면, 이미 지역에서 확실하게 자리잡은 학원을 발견하게 됩니다. 그리고 그 학원을 벤치마킹합니다. 그렇게 하면 우리 학원도 잘 될 것이라 기대하면서요.

　인기가 많은 지역 강자 학원은 테스트를 거쳐 일정 점수 이상의 학생만을 선별적으로 받는 등 타깃이 매우 분명합니다. 이제 막 개원한 학원도 그런 전략을 따라 해 보려고 애를 씁니다.

　자, 성공할 수 있을까요?
　저의 대답은 '글쎄요'입니다.

　막 개원한 학원의 우선 전략은 '생존'이 되어야 합니다. 그래서 학원의 외부적인 타깃이 중·고생이라 해도 몇 명 정도의 초등학생(재원생 동생 등)은 가르칠 수 있어야 합니다. 타 학원에서 거부하는 하위권 학생도 받아야 합니다. 슬프지만, 하위권 학생들이 신설 학원의 주요 대상입니다.

　학원 이미지 고려해서 받지 않는 것이 좋다고요? 찬밥 더운밥 가릴 때가 아닙니다. 하위권 학생은 힘들어서 가르칠 수 없다고요? 인성이 나쁘지 않다면 받으셔야 합니다. 학원 사업에서 가장 힘든 것은 학생이 없는 것이기 때문입니다. 쉬고 싶은 주말에 과외 요청이 들어왔나요? 네, 이것도 해야 합니다. 학생이 다른 학원 시간이 바뀌었다고 갑자기 학원 시간표를 바꿔 달라고 하나요? 네, 최대한 맞춰줘서 데리고 있어야 합니다. 영어 내신 기간에만 오겠다는 학생이 있나요? 네, 이런 학생들도 받아야 합니다. 주도적으로 움직여 그룹을 만들어 올 테니 자녀의 수강료를 할인해 달라는 학부모의 요구가 있나요? 네, 들어주셔야 합니다.

이외에도 학원의 원칙과 방향에 맞지 않아서 의사 결정이 어려운 상황이 많을 것입니다. 그러나 막 개원한 학원에게 가장 중요한 것은 생존입니다. 이미 자리를 잡은 학원과의 비교는 적절치 않습니다. 학원의 생존을 위해서 일단은 닥치는 대로 해야 합니다. 그러면서 기회를 봐야 합니다.

제가 사는 동네에는 주말(토, 일 모두)에도 개원하는 병원이 있었습니다. 주말에는 이 병원만 개원하니 당연히 환자가 많았습니다. 의사도 매우 친절했고요. 시간이 지나면서 주말 진료는 유지했으나 언젠가부터 주말은 다른 의사들이 진료하시더군요. 그리고 이제는 주말 진료를 하지 않습니다. 아마, 이 병원도 주말 진료는 생존 전략 아니었을까요?

◆

영어 전문 학원의 고민, 수학은?

영어 전문 학원을 운영하다 보면 떠나지 않는 고민이 있을 수 있습니다. 바로 수학 과목 추가에 관한 것입니다. 특히, 학원생들이 수학 학원과 시간이 맞지 않아서 시간표 변경을 요구하거나 퇴원이 발생하면 학원장의 고민은 커집니다. 때로는 학부모의 수학 과목 신설에 대한 직접적인 요구가 있기도 합니다. 개설만 하면 수학도 보내겠다고 하십니다. 영어 전문 학원을 운영했던 저로서도 약 3년은 끊임없이 고민했던 내용입니다.

어떻게 해야 할까요? 저는 이렇게 말씀드리고 싶습니다.

원래부터 영·수가 아닌 영어 전문 학원으로 시작했으면 전문 학원을 그대로 유지하라!

재원생 학부모 중에는 영어 전문 학원이어서 자녀를 보낸 분들도 있을 수 있습니다. 그런 분들의 입장에서는 수학 과목이 추가되면 중요한 재원 동기가 사라지는 것입니다. 그러나 이런 부정적인 의견은 대부분 학원장에게 직접 표현하지 않기 때문에 참조하기 어렵습니다. 수학 과목을 추가해 달라는 목소리가 다는 아니지요. 들리지 않는 부정적인 목소리도 파악할 수 있어야 합니다. 그리고 과목 추가 시, 강사 채용과 관리에 상당한 어려움이 발생할 수 있습니다.

그러나 현재 학원이 잘되고 있다면 수학 추가를 고려해 봐도 괜찮습니다. 중요한 것은 '현재 영어가 잘되고 있을 때'입니다.(이 또한 강력하게 추천하지는 않습니다.) 현재 학원이 잘되지 않아 수학 과목 추가를 고려하는 것이라면 생각을 접는 편이 좋습니다. 양쪽 다 고전할 가능성이 매우 높습니다.

저도 3년 정도의 고민 끝에 영어 전문으로 완전히 마음을 굳혔습니다. 수학은 영어만큼 할 자신이 없는 것이 가장 큰 이유였습니다. 또한, 갑작스러운 수학 강사 퇴직 시의 대안도 마련하기 어려웠습니다. 한마디로 학원 운영의 효율성과 안정성이 떨어질 가능성이 컸습니다. 결정 이후 학원을 운영하면서 수학 과목 추가에 대한 아쉬움이 전혀 없었으니 나쁜 결정은 아니었다고 봅니다.

과목 추가에 대해서 저에게 조언을 구하는 분이 많이 계셨고, 앞으로도 그럴 것입니다. 이에 저는 영어 전문 학원으로 시작하셨으면 영어에만 집중하시기를 권합니다. 그러나 학원 경영에 획일화된 정답은 없는 법, 상황에 따라 유연한 판단을 하시되 저의 조언을 참고하시면 좋겠습니다. 참고로 소득 수준이 비교적 낮은 지역은 영어와 수학을 함께 강의하는 것이 유리합니다.

♦

일본전산식으로 학원을 운영한다면

<일본전산 이야기>라는 책을 흥미롭게 읽었습니다. 경제 신문에서 자주 접했던 회사라 많은 관심을 가지고 있었는데 마침 책으로 나와 있더군요. 학원 관련 일을 하고 있으니 늘 책에 나오는 내용을 학원 경영과 연결하여 생각하게 됩니다.

일본전산은 1973년, 나가모리 시게노부 사장이 3평의 공간에서 4명의 직원으로 창업했습니다. 그리고 제가 책을 읽던 시점의 직원 수는 약 10만 명, 매출액은 10조 원 정도였습니다. 일본 전산은 극심한 불황을 겪는 일본 경제의 악조건 속에서도 엄청난 성장을 한 것입니다. 특히, 인수·합병을 통해서 완전히 망가진 회사를 단 1년 안에 흑자로 만든 마법 같은 능력은 정말 놀랍습니다.

급속 성장의 비결이 무엇이냐는 질문에 나가모리 시게노부 사장은 이렇게 대답합니다.

"청소를 열심히 하면 됩니다!"

도대체 이게 무슨 소리인가요?

이분의 직원 채용 기준을 보면 더욱 기절초풍할 노릇입니다.

밥 빨리 먹는 사람, 달리기 잘하는 사람, 화장실 청소 잘하는 사람.

이것이 일본전산의 채용 기준입니다.

그리고 이렇게 직원을 교육합니다.

"남보다 두 배로 일하라!"

"휴일도 반납하고 일하라!"

"될 때까지 해라!"

그중에서도 성공 비결의 핵심은 청소라는데, 30건의 인수·합병을 모두 성공시킨 비결이 바로 청소라고 합니다. 저는 여기서 일부 공감합니다.

지금까지 전국의 적지 않은 학원을 방문하며 성공한 학원과 실패한 학원 모두 많이 봐왔습니다. 그런데 실패한 학원은 몇 가지 눈에 보이는 특징이 있습니다.

우선, 학원을 들어서면 어둡습니다. 조명이 아주 어둡습니다. 전기세를 아끼기 위해서 전등을 일부만 켜 놓은 것입니다. 오, 안 됩니다! 특히나 상담 데스크 부근은 환히 밝아야 합니다. 책꽂이를 보면 교재가 여기저기 두서없이 꽂혀 있습니다. 책상 위에는 잡동사니들이 굴러다닙니다. 심지어 벽에는 거미줄도 보입니다. 청소가 깨끗이 되어있을 리 만무합니다.

잘되는 학원의 모습은 굳이 제가 언급하지 않아도 될 듯합니다.

청소란, 단순히 쓸고 닦는 것이 아니라 마음의 정리와 각오입니다.

성공한 학원과 실패한 학원의 차이, 아시겠지요?

◆

학원에 대한 학부모의 칭찬이 많아질 때

개원 후, 학원이 어느 정도 자리를 잡으면 여러 학부모로부터 좋은 평가를 들을 수도 있습니다. 학원을 칭찬하고, 고마움을 적극적으로 표현하며 가끔은 선물도 보냅니다. 다양한 방식으로 학원을 지지하는 학부모가 늘어납니다.

　그런데, 학부모가 학원을 칭찬하는 이유가 무엇일까요? 정말 학원이 고마워서일까요? 네, 물론 그럴 수도 있습니다. 하지만 그 이유가 전부일까요?

　학부모가 학원을 칭찬하는 큰 이유 중 하나는 자녀에 대한 호감 유도가 있습니다. 학원을 칭찬하면 자연히 선생님도 학생에 대한 호감도가 높아지리라 생각하는 것입니다. 이런 맥락을 잘 파악하셔야 합니다.

　더 신경 써야 할 것도 있습니다. 바로 침묵하는 학부모나 거리감이 느껴져서 연락이 꺼려지는 학부모입니다. 침묵하는 학부모 중에서는 별문제가 없기에 특별히 연락하지 않는 분들도 있지만, 불만이 있는데 드러내지 않는 분들도 있습니다. 말이 없으니 학원은 그 불만을 감지하지 못하는 것입니다. 하지만 학원은 점점 좋은 말만 해주는 학부모와 소통하고, 침묵하거나 거리감이 느껴지는 학부모에게는 소홀히 대합니다. 음식으로 비유하면 편식하는 것입니다. 이것은 절대 피해야 할 행동입니다.

주변의 칭찬이 많아질수록 침묵하는 학부모, 거리감이 느껴지는 학부모와 자주 접촉하세요. 전화도 더 자주 하시고 가끔은 대면 상담도 하세요. 이렇게 골고루 관리한다면 학원이 안될 수 없습니다.

◆

학생 개인 상담의 위력

학생을 지도하다 보면 지도하기 힘들거나 숙제를 잘 해 오지 않는, 성실성이 떨어지는 학생들을 흔히 만나게 됩니다. 선생님을 화나고 지치게 하는 이런 학생들은 어떻게 해야 할까요?

저는 개인 상담을 권유합니다. 부모님과의 상담에 앞서서 학생과의 개인 상담을 하는 것입니다. 다른 학생들이 모두 있는 수업 중에 학생에게 이런저런 요구를 하는 것은 효과가 적고 반감을 살 수 있습니다. 대신 개인적으로 불러서 짧게나마 상담하면 그 효과에 놀랄 때가 상당히 많습니다. 차분히 아이의 말을 들어주고 선생님의 생각을 말해주면 아이들은 의외로 진지하게 듣습니다.

최근에는 아이들이 싫다는 것을 부모도 강제하지 못합니다. 그리고 강제하지도 않습니다. 그만큼 자식의 의견을 존중해 주는 시대입니다. 따라서 학생 상담은 원 운영에 있어서 상당히 중요합니다. 자신의 소중함을 선생님이 알아주고, 특별한 존재로 대해 준다는 느낌을 받으면 아이들은 마음의 문을 열게 됩니다. 선생님과의 친밀감도 생겨, 오지 말래도 학원으로 옵니다.

하지만 학원을 운영하다 보면 상담을 하려고 해도 현실적으로 시간 내는 것이 그리 만만치 않습니다. 그럴 때는 5~10분 정도의 짧은 상담을 하면 됩니다. 청소년기의 아이들과는 길게 상담하는 것보다 오히려 짧게 상담하는 것이 효과적일 수 있습니다.

강한 1인 학원장 되기

최근 나 홀로 창업, 1인 사업에 관한 관심이 증가하고 있습니다. 학원도 지속적으로 1인 학원이 증가하였고 앞으로도 이 추세는 계속될 것으로 예측합니다. 그렇다면 강한 1인 학원장이 되기 위해서는 무엇이 필요할까요? 저의 생각을 몇 가지 적어보겠습니다.

첫째, 가장 중요한 것은 '확고한 학원 운영 철학'입니다.

'원장님, 학원 왜 하시나요?'라는 질문에 주저함 없이 대답할 수 있어야 합니다.

둘째, 강의력이 좋아야 합니다.

혼자서 모든 수업을 강의해야 하니 탄탄한 강의력은 필수입니다. 아무리 훌륭한 조건을 갖추었다고 해도 강의력이 뒷받침되지 않으면 결국 수강생들은 빠져나가게 됩니다. 학생들이 학원에 다니는 가장 큰 목적은 효과적인 학습입니다.

셋째, 교육적인 마인드도 있어야 하며 사업적인 마인드도 있어야 합니다.

앞서 강조한 것과 같이, 학원은 교육·서비스업이기 때문입니다. 아무리 잘 가르쳐도 트렌드를 역행하거나 독불장군식으로 운영하는 것은 곤란합니다. 반대로, 아무리 홍보를 잘하고 유연하게 운영한다고 하더라도 교육이 제대로 되지 않는다면 소용없습니다.

넷째, 성격이 외향적이면 유리합니다.

인근 학원, 미용실, 서점 등 지역 상인들과 좋은 관계를 유지하면 학원 홍보에 무척 유리합니다. 1인 학원의 경우, 동네의 입소문이 대단히 중요합니다.

다섯째, 꾸준히 연구해야 합니다.

일찍 출근하셔서 청소하고 교재 연구하고 자료도 만드세요. 이것은 수강생들에게 양질의 교육을 제공하기 위함이기도 하지만, 스스로 자신감을 갖게 해주는 좋은 습관입니다.

여섯째, IT 활용 능력이 있어야 합니다.

컴퓨터를 어느 정도는 다룰 줄 알아야 하고, 영어 학습에 필요한 IT 지식을 갖춰야 합니다. 특히, SNS를 잘 활용하면 홍보에도 많은 도움이 됩니다.

일곱째, 회복탄력성이 좋아야 합니다.

학부모의 항의, 학생들의 퇴원 등 속상한 일이 발생했을 때 이를 훌훌 털고 일어날 수 있어야 합니다. 즉, 충격으로부터 속히 회복할 수 있는 회복탄력성이 있어야 합니다. 이 부분이 매우 중요합니다. 1인 학원장은 어디 하소연할 곳이 없으므로 더욱 그렇습니다.

여덟째, 잘 되는 학원을 벤치마킹하려는 자세가 있어야 합니다.

잘하는 학원을 연구하고 우리 학원에도 적용할 수 있어야 합니다.

♦

장기 수강생의 퇴원

학원을 운영하다 보면 학생들이 등록하기도 하고 퇴원하기도 합니다. 등록은 기쁘지만, 퇴원은 슬픕니다. 이것은 일상처럼 반복되는 것임에도 잘 단련이 되지 않습니다.

퇴원 중에서도 장기 수강생이 퇴원하는 경우는 마음이 더욱 아픕니다. 장기 수강생의 퇴원 시, 배신감을 느낀다는 원장님들도 많습니다. 특히나, 퇴원 사유가 대형 학원으로 옮기는 것이라면 큰 배신감을 느낍니다. '내가 키워 놨더니 다른 곳으로 가?'하는 것이죠. 이 같은 경우를 몇 번 반복해서 경험한 한 원장님은 학원 사업에 회의를 느낀다고 하더군요.

학생이 그만두면 학원장은 당연히 여러 가지를 생각하게 됩니다. '내가 뭘 잘못 했을까?'라는 생각이 오랫동안 머릿속을 맴돕니다. 속상하고 생각이 복잡해서 수업도 손에 잘 안 잡힙니다. 충분히 이해할 수 있습니다. 오래전 일이지만, 저 또한 한 형제가 그만둔다는 전화를 받고 5분 후에 또 다른 형제가 그만둔다는 말을 들었을 때, 수업 시간 내내 속상해서 수업이 잘 안 되더군요. 이에 대한 내공을 키우는 데 상당히 오랜 시간이 걸렸습니다. 아니, 사실은 아직도 완전하지 않습니다.

그러나 이렇게 생각합니다.

'학부모는 학원장과 입장이 다르다!'

'돈을 내는 학부모 입장에서 학원 선택은 당연한 권리다!'라고요.

삼성 휴대전화를 쓰다가 애플 휴대전화로 바꾸면 배신일까요?

교육 사업과 휴대전화 선택의 비교는 무리일 수 있습니다. 그러나 유명하고 잘나가는 변호사도 의뢰인의 의사로 얼마든지 바뀔 수 있습니다. 변호사 교체는 의뢰인의 권리입니다. 이것을 변호사가 속상해하면서 의뢰인을 원망하는 것이 바람직할까요? 세계적인 스포츠 종목 감독들도 구단에서 바꿀 수 있습니다.

물론, 퇴원 발생에 대한 자기반성과 문제 개선에 대한 의지가 먼저입니다. 그러나 학생의 퇴원은 자연스러운 것입니다. 이 문제에 너무 얽매여 수업이나 운영에 차질이 생긴다면 그것이 훨씬 심각한 문제입니다. 부디 충격에서 빨리 벗어날 수 있는 회복탄력성을 꼭 갖추시길 바랍니다. 그래야만 강한 학원으로 성장할 수 있습니다.

◆
퇴원 발생 시기

퇴원 시기를 예측할 수 있다면, 학원 운영에 틀림없이 도움이 됩니다. 다음의 경우에 퇴원이 발생할 수 있습니다.

첫째, 수강 후 2개월째에 퇴원이 발생할 수 있습니다.
보통 이런 경우는, 소개에 의한 등록이 아닌 전단 등 홍보 매체를 보고 등록한 경우입니다. 1개월 수강해보니 학생과 맞지 않는다고 판단하여 퇴원하는 것입니다.

둘째, 신규 학생이 들어오는 경우, 퇴원이 발생할 수 있습니다.
신규 학생과 평소 사이가 좋지 않은 재원생이 있다면, 재원생의 퇴원으로 이어질 수 있습니다.

셋째, 중·고등학생의 경우, 시험 직후에 집단 퇴원이 발생할 수 있습니다.
성적이 좋지 않은 경우입니다. 그러나 재원 기간이 어느 정도 된 학생의 경우, 한 번의 시험 결과로 학부모님이 퇴원을 결정하는 일은 드뭅니다. 한두 번 정도는 더 두고 봅니다.

넷째, 장기 수강생도 퇴원 가능성이 있습니다.
대형 학원이 아닌 소규모 학원의 경우, 2~3년 정도 지나면 부모가 분위기 전환 차원에서 퇴원을 결정하기도 합니다.

다섯째, 성적 향상이 뛰어난 학생들도 퇴원할 수 있습니다.

이는 대형 학원으로 옮겨가는 경우입니다.

여섯째, 졸업 직전에 집단 퇴원 발생 가능성이 매우 큽니다.

특히, 중학교 졸업생의 경우가 퇴원 가능성이 더 큰데, 이는 해당 학교 내신을 전문적으로 봐주는 학원으로 옮겨가기 위해서입니다.

의외의 경우도 있습니다.

신도시나 택지 개발 지구에서 흔히 발생하는 상황으로, 입주 3년 차가 되는 해에 대규모 퇴원이 발생합니다. 신도시나 택지 개발 지구 같은 경우에는 한꺼번에 전세 물량이 쏟아져 나와 입주 초기에는 전세금이 매우 저렴한데, 3년 차가 되면서 급등하는 현상이 발생합니다. 급등한 전세금을 감당하지 못하는 가정이 대거 이사를 가게 되면서 집단 퇴원이 발생합니다.

반대로, 학원에서 멀지 않은 지역에 신도시나 택지 개발 지구가 형성되면 퇴원생이 발생합니다. 이는 새로운 곳으로 이사 가는 가정이 많기 때문입니다.

퇴원 발생을 거꾸로 생각하면 우리 학원에 기회가 될 수 있습니다.

특히, 시험 직후 시험을 망친 중·고등학생을 등록받는 기회가 됩니다.

2년 차 징크스

프로 운동선수에게는 '2년 차 징크스'라는 말이 있습니다. 첫해 데뷔한 신인이 엄청나게 잘하다가 2년 차에는 상대 팀의 연구에 의한 약점 노출, 이로 인한 멘탈붕괴 등으로 고전한다는 징크스입니다. 워낙 사례가 많아 2년 차 징크스라는 용어까지 생길 정도입니다.

학원 운영에도 2년 차 징크스가 있습니다.

프랜차이즈로 학원을 운영할 경우, 1년 정도가 지나면 내가 운영하는 영어 프랜차이즈의 약점들이 서서히 보입니다. 다른 영어 프랜차이즈와 비교하니 더 안 좋아 보입니다. 책의 완성도가 떨어지고, 온라인 콘텐츠도 부족해 보입니다. 정이 점점 떨어집니다. 당연히 프랜차이즈 교재 사용이 아닌 외부 시중 교재의 사용이 점점 늘어나고 프랜차이즈 교재에 대한 연구보다는 외부 시중 교재에 관심이 더 많아집니다.

이것이 올바른 판단인지는 분별하기 쉽지 않습니다. 학원 경영이라는 것이 워낙 변수가 많고 같은 사안이라도 결과가 다릅니다. 그러나 일단은 내가 선택한 프랜차이즈에 대한 판단을 너무 성급하게 내리지는 말 것을 권하고 싶습니다.

우스갯소리로 이런 말이 있지 않나요?

'그놈이 그놈이야!'

네, 프랜차이즈는 내가 어떻게 생각하고 활용하느냐에 따라 그 결과는 천차만별입니다. 내가 예뻐하면 이 녀석도 그걸 알아차려서 저를 도와줍니다. 그러나 미워하면 이 녀석도 귀신같이 알아차리고 저를 힘들게 합니다.

선택은 원장님에게 있습니다.

그러나 성급한 결론은 말리고 싶습니다.

다만, 과도한 교재비 등, 본사로의 지출이 지나치게 많은 경우는 과감한 의사 결정도 좋다고 봅니다.

♦

초보 학원장이 하기 쉬운 시행착오

학원을 처음 운영하면 당연히 수많은 시행착오를 겪게 됩니다. 그중에서도 초보 학원장이 하기 쉬운 시행착오로 '학부모 의견에 대한 판단'을 들고 싶습니다.

예를 들어, 학부모가 이렇게 말합니다.

영어 학원에 외국인 강사가 왜 없나요?
수학도 해주는 학원으로 옮겨야 해서 학원을 그만두어야겠습니다.
리딩보다 스피킹이 중요하지 않나요?
문법을 더 많이 해야 하는 것 아닌가요?
숙제가 너무 많지 않나요?
혼자서만 강의하시나요? 다른 선생님은 안 계시고요?

이런 학부모 의견은 쉽게 머릿속을 떠나지 않습니다. 때로는 위축되기도 합니다. '학부모 의견은 현장의 목소리이다. 그러니 이런 의견을 신속히 받아들여야 한다'라고 생각할 수 있습니다. 그래서 무리하여 외국인 강사도 채용하고 스피킹을 강화하기 위해 커리큘럼을 수정하거나 별도의 프랜차이즈 계약도 합니다.

네, 과거 제 이야기입니다.

이렇게 한 것은 학생 수 증가를 위한 것이었습니다. 그러나 비용의 증가만 가져왔습니다. 특히, 외국인 강사 고용으로 인한 비용 증가가 컸습니다. 결국 다시 원래대로 커리큘럼을 환원시켰습니다. 당연히 원래대로 되돌리는 것도 쉬운 일이 아닙니다.

사실, 학부모는 별생각 없이 의견을 던지는 경우가 많습니다. 그리고 그 의견이 상당히 개인적입니다. 이런 의견을 현장의 목소리라 판단하여 학원 운영에 변화를 주면 득보다는 실이 많을 수 있습니다. 조금 극단적으로 말하면, 학부모는 스피킹이 강한 학원에는 문법 수업을 요구하고, 문법이 강한 학원에는 스피킹을 요구하기도 합니다.

이런 상황에서 어떤 의견을 받아들여야 할지 판단하기란 쉽지 않습니다. 도움이 되는 학부모 의견도 많기 때문입니다. 현명한 판단을 하려면 학원의 중심이 확고해야 합니다. 즉, 학원장의 확실한 교육 철학과 운영 철학이 있어야 합니다. 그만큼 개원 전에 충분한 고민과 연구가 선행되어야 하겠지요.

물론 개원 전의 교육 철학과 운영 철학이 고정된 것은 아닙니다. 학원을 운영하면서 조금씩 수정할 수 있습니다. 하지만 중요한 것은, 경험 많고 현명한 원장님들에게 조언을 구하는 것입니다. 도와줄 원장님이 없다면 만드셔야 합니다.

예전에 참 자주 전화하시던 공부방 원장님이 계셨었습니다. 심지어는 이런 내용을 상의하려고 전화를 하십니다.

"상담 전화를 받았는데, 학생이 청담 어학원을 2년 다녔다고 하네요. 곧 방문 예정인데 상담 포인트가 있을까요?"

원장님이 몰라서 저에게 물으셨을까요?

저는 그렇게 생각하지 않습니다. 자신의 생각에 대한 확신을 얻기 위해서 여러 원장님에게 의견을 구한 것일 겁니다. 다양한 의견을 들으며 자신만의 철학을 만들어가는 것이지요.

확신이 있으면 흔들림 없이 학원을 경영할 수 있습니다. 나만의 운영 철학이 있으면 다른 길에 곁눈질하느라 힘을 허비하지 않습니다. 학부모 의견에 지나치게 흔들리지 마시고 원장님의 길을 우직하게 걸어가세요!

♦

실속 있게 학원 운영하기

실속 있게 학원을 운영하느냐, 학생 수가 많은 외형 위주 학원을 운영하느냐는 학원장 개인의 선택 사항입니다. 저는 개인적으로 실속 있는 학원 운영을 추천합니다. 그러면 실속 있는 학원을 운영하기 위해서는 어떻게 해야 할까요? 다음 몇 가지 요소가 핵심입니다.

1) 임대료 및 관리비

학원은 음식점 등 타 업종과 달리, 노출 효과가 뛰어나고 임대료가 비싼 전면 도로에 위치하지 않아도 큰 상관이 없습니다. 가끔 타 업종에 종사하시던 분이 입지의 중요성에 대한 과도한 집착으로 전면 도로의 임대료가 높은 곳에 학원을 연 후, 수익이 발생하지 않아 후회하는 경우를 많이 보았습니다.

과도한 임대료는 학원장을 압박하는 매우 중요한 요소입니다. 임대료가 비싼 특수 지역을 제외하고, 실평수 약 30평을 기준으로 했을 때 임대료가 월 200만 원이 넘는다면 그것은 다시 생각해 보셔야 합니다.

지하 주차장이 있고 엘리베이터가 있는 대형 건물인 경우, 실평수 30평 정도라면 보통 월 관리비(전기세 등 포함)가 40~60만 원 정도 나옵니다. 기타 비용까지 합산하면 상당한 부담입니다. 개인적으로는 월 임대료 120만 원 이하이며 관리비가 저렴한 단지 내 상가(지하 주차장 없고 엘리베이터 없는 상가)를 추천합니다.

2) 학원 차량

차량은 양날의 검과 같습니다.

차량을 운행하면 더 많은 학생 유치가 가능합니다. 그런데 비용이 만만치 않으며, 차량 운행을 하다가 향후 학원 사정으로 차량 운행을 중단하는 경우에는 오히려 학원 이미지가 나빠져 퇴원이 다수 발생할 수 있습니다. 학원이 망했다는 소문이 돌 수 있기 때문입니다. 또한, 차량을 운행하는 경우에는 안전사고에 대한 두려움, 운행과 관련된 학부모 항의 증가 등이 학원장을 상당히 힘들게 합니다. 강사 급여보다 차량 운행비 지출이 더 큰 경우도 있습니다.

3) 인테리어

인테리어에는 적당히, 실속 있게 투자하셔야 합니다. 예쁜 인테리어는 학원장의 마음을 기쁘게 하지만 학원 운영에는 큰 도움이 되지 않습니다. 더욱이 예쁘다는 생각도 시간이 지나면 사라집니다. 실평수 30평 정도라면, 순수 인테리어 금액(집기, 간판 등 제외)으로 2,000만 원이면 충분하다고 봅니다.

4) 강사 급여

학원 업계에 오래 있다 보니 다양한 이력의 분들을 만나게 됩니다. 가끔 대기업 출신 원장님을 만나게 되는데, 이분들의 공통점은 인적 자원에 대한 중요성을 강조한다는 것입니다. 그래서 최고의 강사를 최고의 급여로 채용하고자 하는 경향이 매우 강합니다.

그러나 두 배로 급여를 주는 강사가 두 배의 학생을 모아 줄까요? 입시 학원이거나 강남의 대형 학원이 아닌, 일반 동네 학원에서? 절대로 그렇지 않습니다. 적절한 급여 선에서 강사를 채용해야 합니다. 더 주고 싶은 마음이 있다면 인센티브를 활용하는 것도 방법입니다. 적절한 급여는 학원마다 다를 수 있으나, 학원장 스스로 생각하기에 부담스러운 금액이라면 이는 적절한 금액이 아닙니다.

앞에서도 말씀드렸듯이 실속 있는 학원이냐, 매출액이 많은 외형 위주 학원이냐는 학원장 개인의 선택입니다. 그러나 저는 제 가족이나 지인이 학원 창업에 대한 조언을 구하면 실속 있는 학원, 즉 강소 학원을 추천합니다.

◆ 학원 블로그 활용하기

과거에 학원을 홍보하기 위한 수단으로 주로 이용하던 매체는 전단과 현수막입니다. 전단은 주로 신문 삽지를 통해 대량으로 배포했는데, 신문 구독 인구가 줄어들며 홍보 효과가 크게 떨어져 최근에는 영어 학원이 신문 삽지를 이용해 전단을 배포하는 일은 거의 없습니다.

현수막도 홍보 효과가 좋으나, 최근에는 법으로 강력하게 부착을 금지하고, 위반 시 과태료를 부과하기도 하여 점점 활용하기 힘듭니다. 그래서 인터넷을 통한 홍보가 매우 중요해지고 있습니다. 블로그나 인스타그램 등의 SNS를 이용해 학원 홍보를 하는 것입니다.

그중 블로그에 관해 이야기를 해보겠습니다.

실제로 블로그를 활용하여 학원을 홍보하는 원장님이 많이 계십니다. 제 글을 읽고 계신 분 중에는 아마도 블로그 효과에 대해 의문을 품는 분이 계실지도 모르겠습니다. 학원은 지역 밀착형 홍보가 필요한데 블로그는 범위가 너무 넓으니 효과가 없다고 판단할 수 있습니다.

이런 생각일 것입니다.

'과연 내 블로그가 검색될까? 검색된다 하더라도 우리 학원과 멀리 떨어진 곳에서 검색하여 연락하면 무슨 소용이 있나?'

당연한 걱정입니다. 그러나 학원 근처에 거주하는 학부모님들이 검색할 수 있게 하는 방법이 있습니다. 태그나 게시글 중간에 지역명을 넣어서 글을 작성하면 학원 근처에 거주하는 학부모의 검색 가능성이 커집니다.

'영어 학원'이라는 단어만 넣어 게시글을 작성했다면, 포털 검색에서 우리 학원 블로그가 노출될 가능성은 매우 적습니다. 그러나 지역을 상세히 넣으면 해당 지역 학부모에게 노출될 가능성이 매우 커집니다. 예를 들어, '용인 새천년 단지 영어 학원'으로 지역을 상세히 설정하거나 '언남초 영어 학원' 등 학교 이름을 표기하여 게시글을 작성하면 소비자, 즉 학생과 학부모에게 블로그가 검색될 가능성이 커집니다. 핵심은 지역 범위를 좁히는 것입니다.

블로그는 홈페이지라 생각하고 운영하셔야 합니다. 그만큼 정성을 다해서 꾸준히 포스팅해야 합니다. 포스팅 내용으로는 학원 커리큘럼 등 학원 시스템에 관한 것보다는 학원장의 교육 철학을 알릴 수 있는 것이 좋습니다. 독자들이 처음에는 학원의 프로그램에 관심을 두고 블로그에 들어올 수 있지만, 포스팅을 차근차근 읽으며 학원장이 어떤 사람인지 궁금해 하기 마련입니다. 그래서 블로그는 학원장의 철학을 잘 보여줄 수 있는 공간이 되어야 합니다.

큰돈을 들이지 않고도 충분히 효율적인 홍보를 할 수 있는 블로그, 정말 매력적인 채널 아닌가요? 블로그는 24시간 쉬지 않고 일하는 홍보부장입니다. 돈도 받지 않는 홍보부장!

◆

온라인 콘텐츠 활용

최근 신생 영어 프랜차이즈 브랜드를 보면 온라인 수업을 기반으로 하는 업체가 많습니다. 이는 최근의 학습 추세가 온라인 위주이기도 하고, 학원으로서는 강사를 줄이거나 수업 시수를 늘릴 수 있는 등 운영상의 장점이 많아서이기도 합니다.

 이런 이유로 영어 전문 학원보다는 전 과목 보습 학원, 외곽 지역 학원이 온라인 수업 도입에 적극적입니다. 보습 학원은 전문 외국어 학원과 비교해 법정 수강료가 낮고, 강사의 질이 상대적으로 떨어지는 경우가 많아서 이를 온라인 수업으로 커버하는 것입니다. 또한 외곽 지역에 위치한 학원은 강사 채용에 어려움이 있어 온라인 수업 의존도가 높을 수 있습니다.

 이런 수요자의 상황을 고려하여, 프랜차이즈 온라인 프로그램은 학습하기 어려운 내용보다는 쉽게 학습할 수 있는 콘텐츠로 구성됩니다. 내용이 어려우면 학생들이 힘들어하고 질문이 많아집니다. 이렇게 되면 학원은 관리 인력이 늘어나게 됩니다. 그래서 실력 향상이 중요한 영어 전문 학원의 경우, 온라인 수업이 주요 프로그램이 되어서는 안 됩니다. 말하기/듣기 훈련, 단어 암기, 숙제 등의 보조 프로그램으로만 활용하시길 추천합니다.

◆

학부모 설명회 (간담회)

과거에는 신규 학생 모집을 위한 설명회에 많은 학부모가 참석했지만, 지금은 인원 모집이 상당히 어렵습니다. 그래서 이제는 일부 대형 학원을 제외하고는, 대규모 신규 모집을 목표로 한 학부모 설명회보다 재원생의 학부모를 대상으로 하는 소규모 간담회를 진행하는 추세입니다.

소규모 간담회라도 철저히 준비해야 합니다. 다과 준비는 기본이고, 교육 정보, 입시 정보 등 학부모가 관심이 많은 부분에 대한 정보를 제공해야 합니다. 또한, 정보 외에도 자녀 개개인에 대한 관심을 보여주어야 합니다. 원장이 자녀에 대해 관심이 많다고 느끼게 해야 합니다. 혹시 있을지 모르는 학부모의 질문에 막힘없이 응답할 수 있도록 준비하는 것도 중요합니다.

진행 시간은 1시간~1시간 30분 정도가 적당하며, 단발성으로 끝낼 것이 아니라 지속적으로 실시해야 합니다. 3개월에 한 번 정도는 꾸준히 실시하는 것을 추천합니다. 가끔 학생 수가 적어서 학부모 설명회를 못 한다는 경우도 있습니다. 그렇다면 한 명이라도 모시고 진행하세요. 그 학부모가 측은해서라도 학원을 홍보해 줄 것입니다.

강한 학원을 만들고 싶으신가요?
지속적으로 학부모 설명회를 개최해 보실 것을 강력히 추천합니다.

♦

외부 시험 참가

영어 외부 시험은 과거와 비교해 그 위상이 많이 떨어졌으나, 이런 점에서 학원에 유용합니다.

1) 학생의 실력을 객관적으로 파악할 수 있다.
2) 학생의 실력이 객관적으로 드러나기 때문에 강사가 열심히 지도한다.
3) 학생들에게 동기를 부여할 수 있다.
4) 학생 입장에서는 영어 시험에 대한 실전 경험이 쌓인다.
5) 학원 입장에서는 홍보 자료로 활용이 가능하며 경쟁력 강화의 기회가 된다.

가장 대표적인 주니어 대상의 외부 시험은 EBS에서 주관하는 TOSEL입니다. 이외에도 다양한 외부 시험이 있는데, 이러한 시험에 정기적으로 참가하실 것을 권유합니다. 정기적인 외부 시험 참가는 학원에 긴장감을 불어넣어 주어서 매너리즘을 방지할 수 있어 강한 영어 학원으로 성장·유지시켜줄 수 있습니다.

다만, 결과가 좋지 않으면 퇴원이 발생하는 역효과가 있을 수 있습니다. 이를 방지하기 위해서는 시험 전 모의고사로 학생들의 실력을 미리 파악하고, 학부모와의 상담을 통하여 기대치를 낮춰줄 필요가 있습니다.

◆
부부가 함께 학원 운영하기

부부가 함께 학원을 운영하는 경우는 어렵지 않게 볼 수 있습니다. 그렇다면 부부가 함께 운영하는 경우, 특히 유의해야 할 점은 무엇일까요?

　우선, 부부가 함께 학원을 하는 시점부터 살펴보아야 합니다.

　개원부터 부부가 함께하는 경우에는 상당한 리스크가 있습니다. 가정의 운명이 학원에 달렸기 때문입니다. 리스크가 크면 심적 부담으로 학원 운영에 어려움을 겪을 수도 있습니다. 그러다 보면 의사 결정에서 오판이 발생하기도 하며, 자칫 부부 관계에서도 심각한 어려움이 생길 수 있습니다.

　가장 이상적인 방법은 배우자 중 한 명이 먼저 학원을 시작하고, 학원 운영이 어느 정도 안정된 후에 나머지 배우자가 합류하는 것입니다. 아내가 학원 사업을 먼저 시작하고 남편이 후에 합류하는 경우가 일반적입니다.

　부부가 함께하면 좋은 점도 있지만 나쁜 점도 있습니다. 의견 충돌이 빈번하게 발생하여 감정이 상하는 것입니다. 이러한 부분을 예방하고 최소화하기 위해서는 업무 분담을 확실히 해야 합니다. 예를 들어,

운영은 남편이 하고 강의는 아내가 하거나, 서로 과목을 나누는 것입니다. 업무 분담을 메인과 서브로 할 수도 있습니다. 쉽게 말해, 상사와 부하의 관계로 설정하는 것입니다. 물론, 일반 회사 개념의 상사와 부하의 관계는 아닙니다. 하지만 이렇게 상하 관계로 정립을 하지 않으면 심각한 결과를 초래할 수 있습니다.

출근 시간에 대하여

학원은 강의를 오후부터 시작하는 업종입니다. 초등부의 경우에는 보통 2시부터 수업이 시작되고, 중·고등부의 경우에는 보통 5시에 수업이 시작됩니다. 그래서 수업 전에 시간 여유가 상당히 많습니다. 그렇다면 출근은 몇 시에 해야 하나요? 수업 시작 30분 전? 1시간 전?

저는 최소한 3시간 전에는 출근해야 한다고 생각합니다. 일찍 출근하면 수업 준비부터 청소, 교재 연구 그리고 운영 전략 수립 시간까지 확보할 수 있습니다. 이는 매우 중요합니다.

일찍 출근하지 않는 원장님들의 주장은 이렇습니다.
'일찍 출근해 봐야 상담도 없고 일도 없어요.'
과연 그럴까요?

일찍 출근해서 능동적으로 학원을 운영해야 합니다. 인터넷 검색이라도 하면 학원 운영에 참고가 될 만한 소중한 아이디어를 얻을 수 있습니다. 청소를 하면서 학원에 대한 애착을 더욱 가질 수 있고, 생각하지 못했던 새로운 학원 운영 전략이 떠오를 수도 있습니다. 수업 준비와 교재 연구가 철저히 이루어지면 수업에 대한 자신감도 생깁니다.

이런 말을 들은 적이 있습니다.

학원장이 일찍 출근해서 자리를 지키고 있는 것만으로도 학원 운영을 잘하고 있는 것이라고.

대구의 한 원장님은 자녀들을 등교시키고 바로 학원으로 출근합니다.

그 학원은 지금 학생이 400명이 넘습니다.

브랜드 학원도 아니고 차량도 운행하지 않는 학원입니다.

비결은 바로 '일찍 출근해서 자리 지키기'입니다.

♦

대형 어학원이 두려우신가요?

대형 어학원이 우리 학원 근처에 오픈한다면 걱정하고 긴장하는 것이 당연합니다. 어쩌면 잠도 안 오고 걱정이 되겠지요. 그러나 잠이 안 오는 쪽은 오히려 대형 어학원일지도 모릅니다.

대형 어학원을 개원하기 위해서는 보통 임대 보증금을 포함해서 5억 원 이상이 투자됩니다. 초기 투자 비용만 그 정도이고, 학원을 운영하기 위해 매월 고정 비용도 발생합니다. 웬만한 재력가나 강심장이 아니면 잠을 못 이루는 것이 당연하지요.

그러니 미리 겁먹을 필요 없습니다. 작은 학원만의 강점을 활용해서 극복하면 됩니다.

예를 들어, 더 꼼꼼한 지도, 특정 학교(중·고) 전문 내신 대비, 소리 영어 전문, 영어 원서 전문 등의 차별화로 얼마든지 승산이 있습니다. 학원은 타 업종과 달리 자본의 힘보다는 실력이 더 중요하므로 충분히 승산이 있습니다. 1인 학원이 각 지역에서 선전하는 것이 그 확실한 증거입니다.

때에 따라서는 대형 학원의 '새끼 학원' 역할을 할 수도 있습니다. 기초가 부족한 학생들을 지도해서 대형 어학원으로 보내는 학원으로 이미지 메이킹을 하는 것이지요. 학생들을 뺏기는 것이 아닌 졸업시킨다는 개념입니다.

소형 학원은 운영 비용이 얼마 들지 않기 때문에 생존에 유리합니다. 큰 공룡은 멸종했어도 개미와 같은 작은 생명체는 살아남았습니다. 몸집이 작은 학원은 예측하지 못한 어려움에도 견딜 수 있습니다.

♦

스트레스 줄이는 학원 운영 방법

사람과의 만남이 있으면 자연스럽게 따라오는 존재가 있으니 바로 스트레스입니다. 학원도 사람을 상대하는 업이니 그만큼 스트레스를 받을 가능성이 큽니다.

그런데 나를 힘들게 하는 스트레스를 냉정히 분석해 보면, 나로 인해 발생하는 경우가 적지 않고, 예방 가능한 경우가 대부분입니다. 이를 인정하지 않고 남 탓으로 돌리기 때문에 개선이 잘 안 됩니다.

어떻게 하면 스트레스를 최소화하며 학원을 운영할 수 있을까요?

우선 확고한 교육 철학과 학원 운영 철학이 필요합니다. 철학이 없다는 말은 귀가 얇다는 의미입니다. 귀가 얇아 이런저런 말에 흔들리다 보면 상황의 변화도, 생각할 것도 많아지기 때문에 당연히 스트레스가 많이 발생합니다.

입학 상담도 매우 중요합니다.

학원 입학 상담 시, 학부모에게 학원 정책의 중요한 부분 및 향후 계획을 확실히 설명해야 합니다. 예를 들어, 보충 수업에 대한 학원 정책, 수강료 인상 계획 등에 대한 내용을 미리 공지하는 것입니다. 또한 학원 정책을 부드럽지만 명확하게, 자세히 설명하시는 것이 좋습니다. 향후 컴플레인을 방지할 수 있고, 학부모도 학원을 신뢰하게 됩니다.

쉽게 약속하지 말아야 합니다.

특히, '클래스당 학생 수 몇 명'과 같은 정원 약속은 절대로 쉽게 하지 마시기 바랍니다. 개원 초기 학원은 약자의 입장이므로, 등록을 유도할 목적으로 정원을 축소하여 정하고 이를 덜컥 약속하기 쉽습니다. 하지만 이런 약속은 향후 학원 성장에 큰 걸림돌이 될 수 있습니다. 수강료는 향후 인상할 수 있으나 정원 확대는 쉽지 않습니다.

수강료 납부 일자 준수에 대한 부분도 강조하세요.

학원장이 수강료 납부 일자에 상당히 신경을 쓰고 있다는 인식을 주는 것이 중요합니다. 수강료 연체 등으로 불미스러운 일이 발생하지 않도록 미리 확실하게 해 두는 것입니다. 이를 위해서는 모든 수강생의 수강료 납부 일자를 통일하는 것이 바람직합니다. 그래야 학부모의 혼란도 적고 관리가 효율적입니다.

아마 대부분의 원장님이 알고 계시는 내용일 것입니다. 하지만 그대로 하지는 못하는 경우가 꽤 많습니다. '정책이 까다로우면 등록을 안 할까 봐 겁이 나서' 그렇습니다. 즉, 두려워서 내 의사와는 반하는 학원 운영을 하는 것입니다. 그렇다면 향후 컴플레인을 제기하는 학부모를 원망하지 마세요. 갑질 당했다고, 화난다고 여기저기에 하소연하지 마세요. 등록하지 않을까 봐 두려워서 내가 선택한 길입니다. 그 선택한 길에는 원장님을 기다리는 필연적인 스트레스가 있습니다.

이상하게 나는 힘든 학생, 힘든 학부모를 만난다고요? 이런 현상이 반복된다면, 그것은 나의 능력 부족 때문입니다. 이 부분에 대한 인정이 없다면, 스트레스 많은 현재의 학원 일상은 반복될 것입니다.

학원을 운영하면서 발생하는 스트레스.
분명 학원장이 통제할 수 있습니다.

♦

회복 탄력성

회복 탄력성이란, 곤란하고 힘든 상황에 대한 회복 능력입니다. 학원을 운영하다 보면 여러 가지 어려움을 맞닥뜨리게 되는데, 이것을 신속하게 회복하는 힘이 필요합니다.

학생 퇴원 시에 발생하는 속상함을 예로 들어보겠습니다. 이것은 정말 극복하기 힘듭니다. 여러 가지 생각에 괴롭습니다. '내가 무슨 잘못을 했나? 우리 학원의 문제가 뭐지?' 등등. 시간이 갈수록, 생각을 할수록 더욱 힘들어집니다.

그러나 극복해야 합니다. 어떤 학원도 학생의 퇴원에서 자유롭지 못합니다. 소형 영어 학원에 다니던 아이는 이제 실력을 쌓았다고 대형 어학원으로 옮기고, 대형 어학원에 다니던 아이는 반 정원이 많아 나에게 맞춰주지 못한다며 소형 영어 학원이나 과외를 찾아 옮겨 갑니다. 그러니 자연스러운 현상으로 받아들이셔야 합니다. 물론, 퇴원의 원인은 분석해야 하지만요.

강사 관리도 쉽지 않습니다. 갑자기 문자 한 통 보내서는 오늘부터 사정이 생겨서 나오지 못한다는 강사도 간혹 있습니다. 아무런 연락도 없이 무단결근하는 최악의 강사도 있습니다. 그리곤 며칠 뒤 갑자기 문자가 옵니다. 급여와 퇴직금을 정산해 달라고 말입니다. 안 해 주면 고용노동부에 신고한다는 협박과 함께요. 이런 일을 당하면 학원장

입장에서 당황스러움을 넘어 엄청난 분노가 생기게 마련입니다. 힘들게 하는 학부모도 있습니다. 심하면 인격적인 모욕감을 느낄 수 있습니다.

그러나 이 모든 것을 나름의 방법으로 신속히 극복해야 합니다. 이것이 학원의 회복 탄력성입니다. 회복되지 못하는 상태가 오래가면 결코 학원 운영에 도움이 되지 않습니다.

그렇다면 어떻게 해야 회복 탄력성을 얻을 수 있을까요?

우선 상대방의 입장을 이해해야 합니다. 학원장과 학부모의 입장은 서로 다릅니다. 학원 등록이 학부모의 권리이듯, 퇴원도 학부모의 권리입니다. 학원장과 강사의 입장도 다릅니다. 내가 잘해주었다고 강사들이 항상 고마워해야 하는 것은 아닙니다.

그리고 나와 학원을 분리해서 생각해야 합니다. 나를 싫어해서 퇴원하는 것이 아니고 우리 학원의 수업이 더는 필요하지 않거나, 학생과 학원이 잘 맞지 않아서 퇴원을 선택하는 것입니다. 퇴원을 학원장에 대한 비난으로 받아들이지 않는 것이 매우 중요합니다.

마지막으로 어렵지만 가장 확실한 방법이 있습니다. 바로 '학원이 잘되는 것'입니다. 자리를 잘 잡은 학원은 작은 충격에 흔들리지 않습니다. 그러므로 어려움 자체에 집중하기보다는 학원을 더 발전시킬 방법에 집중하는 편이 훨씬 효과적입니다. 그러다 보면 자연스레 학원은 튼튼하게 뿌리를 내리고 작은 바람에는 끄떡없는 강한 학원으로 성장해 있을 것입니다.

◆

내 방식대로 공부방 운영하기

학원 운영 관련 정보가 많은 것이 오히려 도움이 되지 않을 수 있습니다. 정보가 너무 많으니 무엇이 나에게 좋을지 몰라 결정에 어려움을 겪을 수 있고, 내가 시대에 뒤처지는 것이 아닌가 하는 두려움도 생길 수 있습니다. 혹은 이 정보 저 정보 다 따라 하다가 자신만의 기준을 잃어버리는 경우도 많습니다. 이런 상황에서 표본이 될 수 있는 영어 공부방이 있습니다.

랩 스쿨 학원을 운영하는 이 원장님은 자신이 계약한 프랜차이즈 교재에 집중합니다. 친한 동료 원장님들은 프랜차이즈 교재만으로는 부족하다며 시중 교재를 추가로 사용하고, 온라인 프로그램도 여러 개 사용합니다. 심지어는 스피킹 강화를 위해 타 프랜차이즈를 추가로 계약하기도 합니다. 그러나 원장님은 자신이 계약한 프랜차이즈 콘텐츠를 최대한 활용합니다.

학생이 늦게 오더라도 시간을 채우기 위해 늦게까지 붙잡아 두지 않습니다. 그래서 어떤 경우에는 학생이 5분 만에 집으로 돌아가기도 합니다. 랩 스쿨 학원에서는 매우 드문 일입니다. 랩 스쿨은 시간 구분 없이 학생들이 학원에 오니, 보통은 수업 시간을 채우기 위해서 늦게 오면 늦게 돌려보내기 때문입니다. 5분 만에 집에 온 학생의 부모님이 항의해도 원장님은 흔들림 없이 시간의 중요성을 확실하게 각인시킵니다. 이후, 학생은 지각하지 않으려 노력합니다.

학생이 시간 내에 자신의 학습 분량을 끝내지 못해도 남기지 않습니다. 그렇게 하면 수업의 긴장도가 떨어지고 이는 학생에게 결코 좋지 않기 때문입니다. 또한, 이 공부방에서는 채점도 학생들이 스스로 합니다. 공부방 개원 초기에는 가끔 부정하게 채점하는 학생들도 있었지만, 지금은 그런 경우가 거의 없다고 합니다.

무엇보다 놀라운 것은 숙제 양을 학생이 결정한다는 것입니다. 학생이 스스로 양을 결정하니 어떻게든 숙제를 해 온다고 합니다. 자신의 의사로 결정했기 때문입니다. '그러면 학생들이 숙제를 조금만 하려고 하지 않나요?'라는 저의 질문에 오히려 반대라고 답합니다. 오히려 학생들은 숙제를 더 많이 하려고 한답니다. 참고로 이 공부방은 초등 전문 영어 공부방입니다. 어린아이들인데도 그렇습니다.

학원 경영에 있어 더하기도 중요하지만 빼기가 더 중요할 수 있습니다. 콘텐츠를 자꾸 더하다가는 학원의 색깔, 곧 학원의 정체성을 잃을 수 있습니다. 가장 중요하게 여기는 자신만의 원칙을 지키며 필요하지 않은 것은 과감히 빼는 것, 그것이 학원을 강하게 하는 중요 요소일 수 있습니다.

사실, 더하기보다 빼기가 어렵습니다. 무엇이 중요한지를 확실히 알아야만 빼는 것도 결정할 수 있으니까요.

♦
동네 병원 운영 전략

동네 병원을 관찰한 적이 있습니다. 대형 종합 병원이라는 막강한 경쟁자(?)에 맞서 동네 병원은 어떻게 생존하는지에 대한 궁금증 때문이었습니다. 동네 병원 원장님들을 보면 대형 병원 출신들도 상당수 있더군요. 그렇다면 이분들은 어떤 전략으로 동네 병원을 운영하고 있을까요? 자신이 근무했던 병원 못지않은 의료 장비를 갖추는 등 대형 병원 시스템을 그대로 고수할까요?

아마도 그렇지 않을 겁니다. 인지도 열세, 자금 열세, 시스템 열세 등이 현실이므로 동네 병원만의 운영 전략이 필요합니다. 대형 종합 병원과 다른 자신들만의 운영 전략 말입니다. 결코 의사 본인의 의료 기술이 부족해서는 아닙니다. 아마도 '규모'라는 현실에 맞춘 전략일 것입니다.

동네 병원은 자신의 규모에 맞게, 자신이 소화할 수 있는 환자만을 치료합니다. 위중한 환자가 동네 병원에 가면 그곳에서 치료하지 않습니다. 대신 큰 병원으로 가라고 소견서를 써 줍니다. 이것은 의사로서 자존심을 포기한 행동인가요? 아니요. 오히려 자신의 역할을 정확히 알고 환자의 생명을 소중하게 여겨서 하는 행동입니다.

영어 학원도 비슷하다고 생각합니다.

예를 들어, 차량을 운행하는 대형 영어 학원에 뒤지지 않기 위해 동네 영어 학원도 차량을 운행해야 하나요? 아닙니다. 차량 운행을 시작하는 순간, 수많은 차량 관련 업무가 발생합니다.

너도나도 차를 보내 달라고 하고, 차가 늦는다고 전화하고, 왜 우리 아이는 운행 시간이 기냐고 항의하고, 에어컨이 시원하지 않다고 불평하고, 차 안에 괴롭히는 아이가 있다고 항의합니다. 여기에 많은 시간과 에너지를 쏟다 보면 영어 학원 본연의 업무에 집중하지 못하게 됩니다.

원어민 강사 채용도 마찬가지입니다. 소규모 학원에서는 원어민 강사의 급여 대비 효율성이 떨어질 수밖에 없습니다.

학원 규모에 맞는 적절한 수준의 교육 환경을 제공하는 것은 매우 중요합니다. 규모를 넘어서는 환경 조성은 학원 존립 자체를 위협할 수 있습니다. 마치 동네 의원에서 암 수술을 하는 것과 마찬가지입니다. 그래서 저는 동네 영어 학원의 핵심 전략으로 'No 원어민 강사! No 학원 차량!'을 강력히 권장합니다.

이것은 대형 어학원으로 성장하겠다는 야망을 막기 위한 글이 아닙니다. 동네 영어 학원 생존 전략에 대한 내용이라고 이해해 주셨으면 합니다.

---

* 대도시가 아닌 외곽 지역의 경우에는 차량 운행이 필수이므로 'No 학원 차량' 전략은 적절하지 않습니다.

◆

라파엘 나달의 포핸드

스페인의 세계적인 테니스 선수 라파엘 나달은 1986년생으로 운동선수로서는 적지 않은 나이입니다. 그러나 오랫동안 세계 랭킹 1, 2위를 다투어왔고 얼마 전에는 세계 테니스 메이저 대회인 US 오픈에서 우승했습니다.

그는 테니스 선수로서는 키가 크지 않고(185cm), 서브도 빠르지 않습니다. 서브가 강력하지 않다는 것은 테니스 선수에게 치명적인 약점입니다. 그리고 그에게는 한 가지 더 치명적인 약점이 있는데 백핸드가 매우 약하다는 것입니다. 포핸드와 백핸드를 모두 잘해야 한다는 테니스 종목의 상식을 뒤집은 것이죠.

나달이 테니스에서 두각을 나타낸 것은 10대 중반이었습니다. 스페인에서는 나달을 국가 테니스 협회 산하 기관으로 초청하여 체계적인 테니스 수업을 제안했습니다. 그런데 당시 그의 코치였던 나달의 삼촌이 이를 거부합니다. 이유가 무엇이었을까요?

나달은 포핸드가 강하고 백핸드가 약한데, 테니스 교육 기관에서는 이를 고치려 할 것이 분명했고, 그러면 나달의 최대 강점인 포핸드가 약해질 것을 알았기 때문입니다.

세계적인 축구 선수 리오넬 메시는 거의 왼발만 씁니다. 오른발은 거의 쓰지 않습니다. 그러나 왼발만으로 세계 최고의 선수가 되었습니다.

히딩크 감독이 우리나라에 처음 왔을 때 놀란 것이 있다고 합니다. 한국 선수들이 왼발, 오른발을 모두 잘 쓰기 때문이었습니다. 하지만 양발을 모두 잘 쓰는 우리나라 선수들이 유럽 선수들보다 축구를 잘 하나요? 안타깝지만 객관적으로 그렇지 않습니다.

우리 학원은 내신은 강한데 스피킹이 약해서 걱정이신가요?

강의는 자신 있는데 학원 홍보가 자신 없으세요?

다른 원장님들은 학교 앞에서 홍보를 잘하는데 나는 그런 것을 못 한다고 자책하시나요? 중·고등부 영어는 자신 있는데 초등부 영어는 자신 없나요?

나달은 포핸드만으로, 메시는 왼발만으로 세계적인 선수가 되었습니다.

내가 못하는 것에 너무 집중하여 자책하지 마세요.

자신을 스스로 위축시키지 마세요.

잘하는 것을 더 잘하면 됩니다.

♦

서서히 망해가는 학원의 전조 증상들

학원 사업은 예측할 수 없는 사건, 사고, 환경 변화 등에 의해 단번에 무너질 수도 있지만, 서서히 무너지는 경우가 더 많습니다. 그러니 더욱 무섭습니다. 내가 망해가는 것을 모르는 것입니다. 마치 끓는 물 속의 개구리처럼 말이죠. 그래서 망해가는 학원의 전조 증상을 몇 가지 공유해 봅니다.

1) 짜증이 많아진다.

학생과 학부모에 대해 짜증이 늘어납니다.

2) 고마움을 잊어버린다.

개원 초기에는 학생을 소개해 주는 학부모에 대한 큰 고마움을 느꼈으나, 점점 그 고마움의 감정이 무뎌지고, 당연한 일로 여깁니다.

3) 출근 시간이 늦어진다.

수업 시작 직전에 학원으로 출근합니다.

4) 스스로에 대한 위안이 늘어난다.

'이 정도면 됐지, 뭐.'

'좀 쉬면서, 놀면서 살아야 하는 거 아냐?'

이렇게 생각합니다.

5) 학원 청소와 정리가 싫어진다.

6) 학원 업무 이외의 활동이 많아진다.

친구도 만나고, 지인도 만나는 등 학원 외부 활동으로 바빠집니다.

7) 주변인(프랜차이즈 본사, 지사, 건물 내 상인 등)과의 갈등이 발생하고, 이를 해결하지 못한다.

8) 매너리즘에 빠진다.

'학원 행사는 뭐 하러 해? 교재 연구는 왜 해? 그래 봐야 다 똑같아!' 라고 생각합니다.

9) 강사와의 갈등이 잦아진다.

'요즘 강사들은 다 왜 이래? 내가 강사였을 때는 안 그랬어!'라는 마인드로 학원을 운영합니다.

10) 나 자신을 고립시킨다.

'사람(학원인) 만나면 피곤해. 친해지면 또 갈등이 발생하잖아. 그러니까 나 혼자 있을래!'라고 생각합니다.

학원을 운영하며 경계해야 하는 내용을 정리해 봤습니다.
스스로 진단해 보며 마음을 다잡는 기회가 되시기를 바랍니다.

◆
매너리즘 극복하기

개원 후 2년 정도가 지나면 학원 운영의 많은 부분이 익숙해집니다.

학원 업무에도 익숙해지고 학생들에게도 익숙해집니다.

선생님도 학생들이 편해지고 학생들도 선생님들이 편안해집니다.

서서히 서로를 이해하는 분위기가 형성됩니다.

선생님은 수업 도중에 문자를 보내기도 하고 휴대전화를 들여다보며 심지어는 전화도 받습니다.

학생들이 숙제를 해오지 않아도 대충 검사하며 넘어갑니다.

그렇게 서로에 대한 긴장이 줄어듭니다.

개원 초기에 그렇게 감사하고 소중했던 한 명 한 명의 학생이 덜 소중하게 여겨집니다.

학생을 소개해 주어서 고마웠던 학부모님에 대한 고마움이 점점 무뎌집니다.

학생들이 편해지니 교재에 관한 연구도 덜 하고 수업 준비 시간도 점점 짧아집니다.

소중함의 마음이 무뎌지니 학생의 말과 행동에 점점 짜증이 납니다.

홍보도 생각하지만, '홍보해 봐야 뭐 다르겠어?' 하며 스스로 위안을 합니다.

이런 현상들은 전형적인 매너리즘의 예입니다. 매너리즘이 지속되면 학원은 서서히 퇴보합니다. 문제는 이것을 매너리즘으로 인식하기 어렵고, 그래서 개선하기도 힘들다는 것입니다.

그렇다면 어떻게 매너리즘을 예방할 수 있을까요?

가장 확실한 방법은 학원 밖으로 나오는 것입니다. 나와서 동료 학원장을 만나는 것입니다. 원장님들이 만나면 서로 무슨 대화를 할까요? 당연히 학원 관련 대화를 하게 됩니다. 그러다 보면 자신을 돌아볼 시간을 갖게 됩니다. 좋은 아이디어도 얻을 수 있고, 무엇보다 확실한 동기 부여가 됩니다.

수도권 지역 원장님 중, 영어 과목 학생 수만 1,000명이 넘는 대형 학원 원장님이 계셨습니다. 원장님은 자신이 계약한 프랜차이즈 본사에서 실시하는 유료 교육에 강사들과 함께 반드시 참석합니다. 실력대로라면 원장님이 교육을 해야 하는 위치입니다. 그래서 제가 질문한 적이 있습니다.

"원장님은 굳이 들을 필요가 없는 교육에 왜 참석하시나요?"

원장님은 이런 말씀을 하시더군요.

"교육을 받고, 동료 원장님들과 대화를 하면 우리 학원에 적용 가능한 아이디어를 얻고 영감도 얻을 수 있어 참석합니다."

학원 밖으로 나와서 동료 학원장 만나기!

학원 운영 매너리즘을 방지하는 최고의 방법이라 생각합니다.

♦

원장님 수업만을 원해요

학원을 운영하다 보면 학부모님들로부터 가끔 듣는 말입니다.

'원장님 수업만을 원합니다!'

강사의 수업은 거부하고 학원장 수업만을 원하는 겁니다. 이런 고민을 토로하는 적지 않은 원장님들을 보았습니다. 정말로 고민하는 분들도 계셨고 또 다른 표정의 분들도 계셨습니다.

다른 표정?

네, 자부심입니다.

'아, 나의 강의력이 이렇게 인정받는구나!'

'기분 좋은데!'

'그럼, 내가 강사보다 훨씬 낫지!'

그런데 학부모님들이 학원장 강의만을 고집하는 것이 과연 학원장의 강의력을 인정해서일까요? 물론 그럴 수도 있습니다. 그러나 다른 이유도 틀림없이 있을 것입니다. 그것은 '학원장'이기 때문입니다. 그 직책, 곧 주인 역할에 대한 기대 때문이죠.

따라서 이런 말을 들었을 때 과도하게 자부심을 가질 필요가 없습니다. 오히려 학원장의 역할에 대한 재고가 필요합니다. 학원은 1인이 강의하는 곳이 아닙니다. 1인이 강의한다면 공부방이나 교습소로 충분합니다. 학원은 다른 강사들과 함께 강의하는 곳입니다.

사실, 과거의 제 모습입니다.

예전에 어학원을 운영할 때, 아주 실력 있는 강사가 있었습니다. 이분께 새로운 강좌를 맡겼는데, 안타깝게도 그 강좌는 성공하지 못했습니다. 그때 그 강사가 저에게 이런 말을 하더군요.

'만약 원장님이 그 강좌를 맡았으면 성공했을 거예요.'

그 말을 듣고 저는 내심 뿌듯했습니다.

'저렇게 실력 있는 강사가 나의 강의력을 높게 평가해 주는구나.'

그러나 지나고 보니 그게 아니었습니다. 그때 그 강사는 '학원장 강의'를 의미한 것이었습니다. 학원장이라는 직책 말입니다.

지금도 그때를 생각하면 창피함에 얼굴이 화끈거립니다.

학원장 자신의 존재감도 중요하지만, 강사의 존재감을 살릴 수 있는 시스템을 구축하고, 좋은 강사를 세우는 것이 학원장의 중요한 역할입니다. 그리고 그것이 강한 영어 학원으로 가는 길입니다.

♦

위기를 기회로!

강남에 있는 영어 유치원 사례입니다. 이 영어 유치원은 개원 시 '신비 마케팅 기법(과장 마케팅)'으로 상당한 인기를 끌다가, 내공 없는 학원임이 드러나면서 한동안 어려움을 겪었습니다. 그 후, 뛰어난 교수부장을 영입하며 다시 반등에 성공했습니다. 그리고는 탄탄대로를 걷는 듯했으나 불시에 암초를 만납니다. 고액 수강료가 교육청 점검에 적발된 것입니다.

2000년도 중반, 이 영어 유치원의 수강료는 월 82만 원이었습니다. 그런데 교육청 기준에 맞춰 수강료를 책정하면 수익을 내기 거의 불가능한 상황이었습니다. 이제 어떻게 해야 할까요?

이 영어 유치원은 정원을 대폭 늘리는 방법을 선택합니다. 사실, 다른 방법이 없었습니다. 운영 비용을 줄이는 데에는 한계가 있었기 때문입니다. 당시 이 영어 유치원의 한 반 정원은 10명이었으나 과감히 15명으로 증원했습니다. 정원은 학부모와의 약속이기에, 정원을 늘리는 것은 상당히 어려운 결정이었을 것입니다. 대신 수강료는 법정 수강료 최대치인 68만 원으로 하향 조정되었습니다.

결과는 어떻게 되었을까요?
놀랍게도 학생 수가 폭발적으로 늘어났습니다. 당시 10개 강의실을 확보하고 있었는데, 모든 클래스가 마감되어 재원생이 150명이 되었습니다. 그동안 자녀를 보내고 싶어도 고액의 수강료가 부담되어 보내지 못했던 학부모들이 수강료가 인하되자 자녀를 보낸 것입니다.

그래서 강의실을 증축합니다. 다행히 이 영어 유치원은 단독 건물이어서 마당의 여유 공간을 활용해 증축을 할 수 있었습니다. 수강료는 인하되었지만 이렇게 정원이 늘어나면서 클래스 당 매출이 늘어나 순이익도 증가했습니다. 게다가 유치원 졸업생들이 초등학생이 되니 초등부도 활성화됩니다.

과다 수강료로 적발되었을 때 사업을 접었다면, 또는 유치원을 계속 운영하면서 학부모의 반발과 퇴원이 두려워 클래스당 정원을 늘리지 않았다면 아마 이런 성공은 없었을 것입니다. 하지만 이 영어 유치원은 그동안 얻은 학부모의 신뢰를 기반으로 과감히 승부수를 던졌고, 정원이 늘어나도 양질의 수업이 보장되도록 최선을 다했습니다. 그 결과 훌륭하게 어려움을 극복했습니다. 아니, 오히려 더 성장했습니다.

궁하면 통한다는 말이 정말 맞나 봅니다.

◆
타 학원생 안 받기

학원 운영에는 많은 전략이 있습니다. 그중 하나가 '타 학원생 안 받기' 전략입니다. 폐쇄형 학원 운영 전략이죠. 모든 학년에 해당하는 것은 아니고, 보통은 중학생이 대상이 됩니다. 주로 랩 스쿨 시스템으로 운영되는 학원이 이런 전략을 쓸 수 있습니다.

 학생 모집이 중요한 학원에서 이렇게 '학생 등록 거부' 전략을 사용하는 이유가 무엇일까요? 바로 효율적인 학생 관리와 학원 이미지를 위한 것입니다. 랩 스쿨 학원의 경우, 랩 스쿨 시스템에 익숙하지 않은 중학생이 신입생으로 들어왔을 때를 생각하시면 간단합니다. 학생이나 학부모가 낯선 학원 시스템에 거부감을 느낄 수 있습니다. 이런 경우, 학원 시스템에 대한 신뢰를 얻기까지 많은 정신적 노력이 필요합니다. 그리고 자칫하면 학원 이미지만 나빠질 수 있습니다.

 반면, 초등학생 때부터 랩 스쿨 시스템(학원 시스템)에 익숙한 학생들은 중·고등학생이 되어서도 자기 주도식으로 수업이 가능합니다. 즉, 학원의 시스템을 편안하게 유지할 수 있다는 큰 장점이 있습니다.

 폐쇄형 학원 전략은 마케팅 효과도 있습니다.

 경북에 위치한 한 영어 학원은 이 전략으로 초등 6학년을 대거 유치했습니다. 중등부부터는 타 학원생을 받아 주지 않으니 학부모님들이 초등학교를 졸업하기 전에 이 학원으로 자녀를 보내는 것입니다.

하지만 폐쇄형 학원 운영 전략은 지역에서 어느 정도 자리를 잡은 학원만 실행하는 것이 좋습니다. 폐쇄형으로 운영해도 충분한 수요가 있을 때만 가능한 것입니다.

신설 학원은 무조건 생존이 우선입니다. 미운 학생, 미운 학부모라도 일단은 참고 등록을 유지하게 해야 합니다. 그리고 때를 기다려야 합니다.(예의가 없는 학생과 학부모는 예외입니다.) 때를 기다린 후 학원의 확실한 전략을 밀고 나가셔도 절대로 늦지 않습니다. 단, 내가 아프지 않을 정도로만 참고 견뎌야겠지요.

타 학원생 등록 안 받기 전략!

매력적일 수 있지만, 부작용도 있을 수 있으니 충분히 숙고 후 결정하시기 바랍니다.

♦

학원장의 흔한 착각

처음 학원 사업을 했을 때 학부모와 학생들의 이런 말에 속았습니다. 세월이 흐르고 경험이 쌓이면서 이제는 어느 정도 걸러 듣습니다. 저의 경험에 비추어 몇 가지를 적어보겠습니다.

1) 학생 소개 많이 해 드릴게요.

입학 상담하는 학부모가 수강료 할인을 요구하며 이런 말씀을 하는 경우가 많습니다.

2) 원장님, 저는 이 학원에 뼈를 묻겠습니다.

이런 말을 하는 학생들이 가장 빨리 그만둡니다.

3) 우리 아이가 영어만 못해요!

자녀가 다른 과목은 다 잘하는데 영어만 못한다고 말씀하시는 학부모가 종종 있습니다. 거짓일 가능성이 매우 큽니다. 학원에서 아이를 쉽게 볼까 봐 이런 말을 하는 것입니다. 자녀의 영어 성적이 30점 정도라는 학부모의 말을 들으면 10점 정도로 생각하셔야 합니다.

4) 한 달만 쉴게요.

진짜 한 달만 쉬고 돌아오는 줄 알고 반을 비워 놓으면 안 됩니다. 퇴원으로 이어질 가능성이 매우 큽니다.

5) 우리 아이 때려주세요.

진짜 때리면 공권력을 경험하게 됩니다.

6) 우리 아이가 선생님을 정말로 좋아해요.

선생님의 호감을 끌어내려는 말일 수 있습니다.

7) 선생님 덕분에 우리 아이 영어 실력이 이렇게 늘었어요.

아이가 똑똑해서 그런 거지요.

8) 선생님, 저 숙제 놔두고 왔어요.

안 해 왔을 가능성이 더 큽니다.

9) 나를 칭찬하는 학부모님들이 늘어나고 있다.

침묵하는 분들이 더 많을 수 있습니다.

10) 이제 우리 학원은 안정기야.

학원은 생물입니다. 건강하다 아프기도 하고 다시 회복하고를 반복합니다. 학원에 안정기는 존재하지 않는다고 생각하셔야 합니다.

10가지 정도로 정리해 보았습니다. 물론 위의 내용 중에는 착각이 아니라 사실인 경우도 있을 것입니다. 상황에 맞게 적절히 판단하셔서 학원 운영에 참조하셨으면 합니다.

♦
한 명의 인재가 영어 유치원을 살려내다

강남의 고액 영어 유치원 이야기입니다. 이 영어 유치원은 개원 이전부터 공격적인 마케팅과 마당이 있는 단독 건물이라는 좋은 환경으로 개원 초기 상당한 성공을 거둡니다. 그러나 주위 학원과의 경쟁에서 밀리며 학생들이 빠지기 시작하며 경영상의 큰 어려움에 부닥칩니다. 이에 대한 책임을 지고 당시 프로그램을 총괄하던 교수부장이 사직하게 되어 새로운 교수부장을 채용했습니다.

영어 유치원 측은 면접을 본 교수부장 후보 중 한 분이 마음에 들었으나, 육아 문제로 6시 정시 퇴근을 해야 하는 단점이 있어 망설이다가 결국 채용을 결정합니다.

하지만 새로운 교수부장이 부임하며 많은 것이 바뀝니다.

당시 이 영어 유치원은 전원이 원어민 강사였는데 관리가 엉망이었습니다. 강사들이 결강하는 일이 수도 없이 많았습니다. 그러나 새로운 교수부장이 원칙과 배려를 동시에 적용하며 월요일마다 정기적으로 교육을 하니 강사들의 근무 질서가 잡히고 강의의 질이 올라가기 시작합니다. 저도 당시 이곳에서 근무했었기에 변화를 확실히 체감할수 있었습니다.

교수부장은 학부모와의 상담 및 관리 능력도 탁월했습니다. 그렇게 조금씩 학부모의 신뢰를 얻기 시작했고, 교육 프로그램도 자신의 철학대로 업그레이드해 갔습니다.

영어 유치원은 빠르게 안정되었고, 고급 이미지 구축에 성공했습니다.

이 영어 유치원을 다녀야 상류층으로 인정받을 정도의 고급 이미지가 구축된 것입니다.

모든 사람이 완벽한 조건을 갖추기는 어렵습니다. 학원에 도움이 될 수 있는 큰 장점이 있는 후보자라면, 단점이 있더라도 과감히 채용하는 것이 훨씬 유익합니다. 6시 퇴근 조건이 맘에 들지 않아 이분을 채용하지 않았더라면 이 영어 유치원은 어떻게 됐을까요? 한 명의 인재가 학원에 어떤 변화를 끌어낼 수 있는지를 잘 보여주는 사례였습니다.

♦

성악가로부터 학원 운영을 배우다

이 성악가와는 탁구 모임에 나가면서 알게 되었는데, 외모와 목소리가 범상치 않아 직업을 물어보니 성악가였습니다. 대학에서 강의도 하고 개인 레슨도 한다고 하더군요. 차츰 이분과 친해지면서 저는 이분을 관찰하고 싶어졌습니다. 강의하는 대학교도 많았고 개인 레슨이 정말로 많았기 때문입니다. 하루 일정을 물어보면 거의 모든 시간이 꽉 차 있을 정도로 레슨이 많았습니다.

관심이 증폭되었습니다.

이 성악가는 어떤 이유로 이렇게 인기가 좋은가?

이분의 능력과 성품을 확실히 드러내는 성과가 있습니다.

개인 레슨으로 한 고등학생을 소개받았는데, 그 아이는 너무나 많은 상처를 받아 자존감이 바닥인 상태였습니다. 이전 레슨 강사로부터 '성악가로서 단 1퍼센트의 가능성도 없는 아이'로 판정받았다고 했습니다. 학생의 부모님도 참담한 마음으로 거의 포기하다시피 하다 마지막으로 이분에게 부탁한 것입니다.

그런데, 성악가로서 단 1퍼센트의 가능성도 없다던 그 아이가 이분에게 레슨을 받은 지 정확히 1년 후, 서울대학교 성악과에 입학했습니다. 예고 출신들과의 경쟁을 감안하니 더욱 놀랍습니다. 성악과는 대학 정원도 정말로 적더군요. 당시 서울대학교 성악과 정원이 6명이라고 들었던 것 같습니다.

도대체 무엇을 어떻게 한 것일까요? 가능성이 하나도 없다는 아이를 어떻게 국내 최고의 대학에 입학시켰으며, 개인 레슨이 줄을 이을까요?

그것은 '칭지격동'이었습니다.

칭찬하고, 지지하고, 격려하고, 동기부여를 하는 것입니다. 그러니 학생들이 따를 수밖에 없습니다. 한 번은 강의 계약을 종료하겠다는 대학교의 통보가 있었는데, 학생들이 집단으로 항의하여 다시 강의하기도 했습니다.

이분은 성악 공부를 위해 7년 동안 프랑스 파리에서 유학 생활을 했습니다. 그곳에서 아름답고 능력 있는 아내를 만나 결혼도 했습니다. 그리고 약 7년 전에 귀국했습니다. 그런데 귀국 후 현실의 벽에 부딪힙니다. 불러주는 곳이 없는 것입니다. 이를 극복하기 위해 처절하게 움직입니다.

성악과가 있는 모든 학교(대학교, 예술 고등학교)에 자기소개서를 보냈습니다. 그냥 보내는 것이 아니라 한지를 이용하여 정성껏 만들어서 보냈습니다. 지원서의 차별화입니다. 그리고 성악과가 있는 전국의 학교를 방문합니다. 무작정 학과장실을 찾아가서 자신을 알립니다.

이분이 이런 말을 저에게 하더군요.

"학교를 방문하기는 하지만, 어떨 때는 아무도 없기를 바라기도 했습니다."

많은 것을 내포하는 말입니다.

그 마음이 얼마나 힘들었을지 짐작하게 됩니다.

그렇게 열심히 다녔건만, 단 한 건의 연락만 있었다고 합니다. 경기도에 위치한 한 대학에서 이메일 답변을 받은 것입니다. 답변은 '서류 잘 받았습니다. ○○○선생님이 꼭 한국에서 좋은 기회 잡으시기를 기원합니다'라는 내용에 불과했습니다. 강의를 준 것도 아닌, 단지 격려 이메일이었는데 흐르는 눈물을 주체할 수 없었다고 합니다.

얼마 뒤, 바로 그 대학교로부터 다시 연락이 옵니다. 강의를 준 것입니다. 그러나 겨우 주 1회 강의에 단 50분 수업. 월 급여가 20만 원이 안 되었다고 합니다. 이를 위해 당시 본인의 집이 있던 충북 증평에서 대학이 있는 경기도 용인까지 달려옵니다. 그리고 정성을 다해 학생들을 지도합니다.

그렇게 1년이 흐릅니다. 이 대학교의 학생들이 개인 레슨을 부탁하기 시작합니다. 1년이 더 지나면서 그전에 자기소개서를 제출했던 대학교, 예술 고등학교에서도 연락이 와서 강의를 맡게 되었습니다. 그리고 그 학교 학생들도 개인 레슨을 요청합니다. 멀리 경북에서 용인까지 개인 레슨을 받으러 오는 학생도 있었습니다. 지금은 학교 강의와 개인 레슨이 워낙 많아 몸이 모자랄 정도입니다. 이분은 본인의 길을 스스로 만들어 냈습니다.

이분이 한 말이 기억에 크게 남습니다.
"자존심이 뭐가 중요한가요?"

♦

위험한 무패의 챔피언

저는 스포츠를 무척 좋아합니다. 과거에는 프로 복싱을 즐겨 봤습니다. 그리고 오랫동안 프로 복싱을 관람하며 한 가지 흥미로운 사실을 발견하고 나름대로 결론을 내렸습니다.(어디까지나 제 나름의 결론임을 강조합니다.)

예전 멕시코의 권투 선수 중 살바도르 산체스라는 선수가 있었습니다. 그가 무패의 복서인 푸에르토리코의 윌프레드 고메즈와 일전을 벌입니다. 당시 윌프레드 고메즈는 32전 31승 1무 31KO라는 무시무시한 전적의 선수였습니다. 이긴 경기를 모두 KO로 승리한 돌주먹 복서! 그러나 산체스는 당시 1패를 안고 있던 약간은 평범한 복서였습니다.

모두가 돌주먹 고메즈의 승리를 예상했습니다. 그러나 승리는 산체스의 것이었습니다. 고메즈는 힘을 쓰지 못하다 결국 8회에 KO로 패합니다.

시합이 끝난 후 산체스는 이런 말을 남깁니다.

"일찍 끝낼 수 있었는데 일부러 늦게 끝냈다."

이 말이 허풍으로 들리지 않았습니다.

산체스의 선배가 고메즈에게 처절한 패배를 당해 이를 복수하려 일부러 경기를 지연시켰던 것입니다. 더 때려 주려고.

경기는 일방적이었습니다. 1라운드에 한 번 다운을 당한 고메즈는 완전히 자신의 페이스를 잃었습니다. 산체스는 노련하게 자신의 페이스를 유지하며 고메즈를 침몰시켰습니다.

훌리오 세자르 차베스. 세계 복싱사에 이름을 올린 전설적인 복서입니다. 그의 전적은 107승 2무 6패. 전승이 아닙니다. 승도 많지만 '패'도 많습니다.

필리핀의 복싱 영웅 매니 파퀴아오의 전적은 65전 57승 2무 6패. 8체급을 석권한 세계적 선수 파퀴아오도 프로 초기에 자국의 무명 선수에게 졌습니다. 그것도 KO로 졌습니다. 파퀴아오의 현재 모습을 생각하면 상상하기 힘듭니다. 파퀴아오가 무명의 자국 선수에게 KO로 지다니.

마이크 타이슨이라는 무시무시한 선수를 아시죠? 이 선수는 전승을 달리다 더글러스라는 거의 무명 복서에게 KO패한 후 끝없이 추락합니다. 위에 소개한 고메즈도 1패 후 추락했습니다.

저는 나름의 결론을 내렸습니다.
'전승은 위험할 수 있구나!'
'내가 패했더라도 이것이 나에게는 보약이 될 수 있구나!'

물론 예외는 있습니다. 메이웨더라는 복서는 전승으로 은퇴했습니다. 로키 마르시오라는 전설적인 헤비급 복서도 전승으로 은퇴했습니다. 그러나 이런 특별한 챔피언은 복싱 역사상 단 2명에 불과한 듯합니다(전적 40회 이상 기준).

지금 학원 운영이 힘드신가요?

네, 어쩌면 현재 기준으로는 1패를 안으셨을지 모릅니다.

아니 5패, 6패 하셨을지 모릅니다.

그러나 실망하거나 절망하지 마시기를 바랍니다.

패배를 보약으로 만드셨으면 합니다.

무패의 챔피언은 단번에 무너지지만,

패배를 극복한 복서는 결국 챔피언이 됩니다.

Chapter 5.

프랜차이즈 이야기

♦

영어 프랜차이즈의 역사 ①

영어 프랜차이즈의 본격적인 시작은 1994년경입니다. 이전까지는 '체인 사업'이라는 용어가 쓰였습니다. 그런데 체인이란 의미가 그리 좋은 느낌을 주지 않아서 프랜차이즈란 명칭으로 바뀐 것입니다.

처음 시작은 ECC, SLP, 원더랜드, 파고다 주니어가 대표적입니다. 이들 브랜드가 1994년경에 영어 프랜차이즈 사업을 시작했고, 정철 어학원이 1995년 말, 그리고 GNB가 1997~8년경에 프랜차이즈에 뛰어들었습니다.

당시의 영어 프랜차이즈는 현재처럼 소자본 창업은 불가능했고, 5억 원 이상이 있어야 창업할 수 있었습니다. 특히, ECC, SLP, 원더랜드, 파고다 주니어는 창업 비용이 많이 필요했습니다. 규모가 커야 했고, 인테리어도 중요했기 때문입니다.

투자 대비 수익은 대체로 괜찮았습니다. 이중 가장 수익성이 좋은 브랜드는 SLP로 알려졌었고, ECC도 상당히 번성했었습니다. 월 순이익이 1억 원인 학원도 있었다니 대단한 호황을 누렸죠. 반면, 파고다 주니어는 시장 진입 후 바로 사라졌습니다. 파고다가 주니어 학원 사업에서 바로 철수한 이유는 정확히 알지 못하지만, 아마도 성인 학원에 집중하기 위한 전략이었던 것으로 보입니다.

♦
영어 프랜차이즈의 역사 ②

1990년대 말부터 2000년 초는 영어 프랜차이즈 절정기였습니다. IMF를 겪은 우리나라는 달러의 위력을 절감했고, 그에 따른 영어의 중요성이 부각되면서 영어 조기 교육 열풍이 불었습니다. 그리고 인터넷의 발달은 영어 교육 열풍에 더욱 기름을 부었습니다. 자연스레 영어 학원 시장은 기존 프랜차이즈 브랜드에 신생 브랜드가 대거 등장하며 그 수가 폭발적으로 늘게 됩니다.

이 시기에는 이전과는 달리 소자본 창업이 가능한 브랜드들이 등장합니다. 대부분 랩 시스템을 기본으로 하는 브랜드입니다. GGE, 한솔주니어랩, 해법영어 등이 초기의 대표적인 랩 시스템 브랜드이고 얼마 후 잉글리쉬 무무가 등장합니다.

또한, 이 시기에는 영어 유치원이 폭발적인 인기를 끌며 시장이 급속도로 확장됩니다. 그러나 영어 유치원의 성장세는 아주 짧았고, 현재는 기존의 강자(SLP, ECC)와 지역에서 자리 잡은 일부 고액 영어 유치원을 제외하면 거의 시장에서 퇴출당하였습니다.

이 시기는 대치동(강남) 브랜드가 약진하는 시기이기도 합니다. 이전까지의 대형 브랜드는 사실 콘텐츠보다 시설 등의 외형적인 부분으로 시장에서 성공했지만, 대치동 브랜드들은 강력한 콘텐츠를 바탕으로 사업을 확장합니다. YES영도 어학원, 청담 어학원, 정상 어학원 등이 그 중심에 있었습니다.

하지만 검증되지 않은 프랜차이즈가 난립하는 시기이기도 했습니다. 잉글리쉬 프렌즈, ECY 등 콘텐츠를 제대로 갖추지 못한 채, 시장 성장세만 믿고 사업을 시작한 브랜드들이 등장했고, 지금은 자취를 감추었습니다.

이처럼 2000년대 초~중반은 영어 학원 성장세가 무척 두드러진 시기였지만, 이는 곧바로 이어질 영어 학원 침체기로 가는 중간 과정이기도 합니다.

♦

영어 프랜차이즈의 역사 ③

2000년대 중반~후반, 이 시기 영어 프랜차이즈의 특징 중 가장 두드
러진 것은 온라인 학습 프로그램입니다. 사회적 흐름인 인터넷 강의의
범위가 확대되면서 주니어 학원까지 온라인 학습이 확대된 것입니다.

우리나라 온라인 콘텐츠의 최초 주자는 확인영어입니다. 확인영어
의 기세는 대단했습니다. 특히, 전 과목 보습 학원과 지방에서 상당한
인기를 끌었습니다.

그 뒤를 이어 SM잉글리쉬가 등장했습니다. SM잉글리쉬는 시중 인
기 교재(능률 교재 등)를 이용하여 온라인 학습 프로그램을 제공했습니
다. 자체 콘텐츠가 없다는 한계는 있었지만, 검증된 교재를 멋진 툴로
활용할 수 있어 인기가 꽤 좋았습니다.

비슷한 시기에 iBT 주니어라는 프로그램도 등장했습니다. 처음 이
프로그램이 나왔을 때 그 매력에 빠져든 사람들이 많아 성장 속도가
상당히 인상적이었습니다.

어쩌면 우리나라 주니어 온라인 학습의 원조 격인 차일드유도 있습
니다. 정확히 말하면 차일드유는 우리나라 자체 프로그램은 아니고 미
국의 홈스쿨링 프로그램입니다.

위의 업체들 이후에 많은 온라인 학습 프로그램이 등장했고, 지금

도 등장하고 있으며, 앞으로도 계속 나올 것입니다. 하지만 지금까지는 뚜렷한 두각을 나타내며 지속적인 성장세를 유지하고 있는 주니어 영어 온라인 업체는 없는 상황입니다. 이는 아마도 온라인 학습의 태생적인 한계(학습 효과에 대한 학부모 인식 등), 온라인 학습에 대한 학원장의 부정적인 교육 철학, 부담이 되는 비싼 콘텐츠 비용, 공간 확보의 어려움, PC 구매 등 설치비에 대한 부담 때문일 것입니다. 그래서 현재까지는 온라인 학습이 메인 학습이 아닌 보조 학습 도구로 사용되는 것이 일반적입니다.

그러나 온라인 학습은 학원 입장에서 강사의 인건비를 줄여 주고, 수업 시수를 늘릴 수 있으며, 강사에 대한 의존도를 줄여 주므로 충분히 메리트가 있습니다. 또한 온라인 학습을 선호하는 학부모도 의외로 많이 있습니다.

앞으로도 온라인 학습 프로그램은 계속해서 등장할 것입니다. 이는 위에서 말씀드린 것처럼 학습 효과 외에도 학원 운영 면에서 효율적이기 때문입니다. 능력 있는 영어 강사 채용에 애를 먹는 전 과목 보습학원에서도 상당한 수요가 있습니다.

영어 프랜차이즈의 역사 ④

2010년 이후의 두드러진 점은 프랜차이즈 본사의 가맹 학원에 대한 규제력 약화 또는 상실입니다. 물론, 아직 가맹 학원에 상당한 규제력을 행사하는 본사도 있으나, 과거와 달리 많은 저항에 부딪히고 있는 것이 현실입니다. 여기서 말하는 규제란, 간판이나 인테리어 규정, 교재 의무 사용량, 본사 교육 참가 등이 대표적입니다. 또한, 시장 경쟁의 격화로 수익을 내지 못하는 본사도 매우 많아졌습니다.

이 시기에는 새로운 학원 프랜차이즈 계약 형태가 등장했는데, 바로 세미semi 프랜차이즈입니다. 본사로부터 교육 등의 지원(유료/무료)은 받지만 의무는 없는, 단지 콘텐츠만 사용하는 계약입니다. 즉, 인테리어 규정 준수 등의 의무 사항은 없으면서 원하는 교재만 선별적으로 사용할 수 있고, 기타 콘텐츠(온라인 등)를 이용할 수 있어 가맹 학원에 매우 유리한 조건입니다.

프랜차이즈 본사 입장에서도 콘텐츠만 제공하면 되니 역량을 한 곳에 집중할 수 있습니다. 또 불필요한 인력을 줄일 수 있으니 콘텐츠를 저렴하게 공급하게 되어 시장 경쟁력도 확보할 수 있습니다.

학원 전체적으로 보면 시장 상황이 매우 악화되었습니다. 대형 학원이라고 다르지 않아서, 폐업하는 대형 브랜드의 가맹 학원이 적지 않게 생겨나고 있을 정도입니다. 그러나 1인 학원(교습소, 공부방, 과외) 시장은 오히려 확장되고 있습니다. 1인 학원은 창업 비용 부담이 적고, 운영 비용이 많이 들지 않으며, 설립 인가 또한 어렵지 않고, 과거에 비해 1인 학원에 대한 학부모 인식이 긍정적이기 때문입니다.

러닝 센터의 증가도 두드러집니다. 특히, 기존 학습지 강자(윤선생, 대교, 재능)들이 이 시장에 승부를 거는 듯합니다. 이는 방문 학습 매출이 지속적으로 감소하자 돌파구를 찾으려는 학습지 회사의 전략입니다.

러닝 센터나 랩 스쿨 형태는 학습 효과가 적고 수강료가 저렴할 것 같다는 부정적인 이미지도 있지만, 동일 시간대에 각기 다른 레벨의 학생을 수용할 수 있다는 엄청난 메리트가 있어 계속 성장할 것으로 예상됩니다.

과거를 알면 미래를 볼 수 있다고 하지요. 과연 학원 사업은 어떤 방향으로 흘러갈까요? 정답은 아무도 모릅니다. 하지만, 교육 사업이 매우 보수적인 분야라는 것은 분명한 듯합니다.

90년대 후반, 학원 업계에서 꽤 유명한 분이 '앞으로 10년 후면 오프라인 학원은 거의 사라질 것이다'라고 했지만, 거의 20년이 넘은 지금도 오프라인 학원은 아직 건재합니다. 다만, 이제는 온라인 수업과 자기 주도 시스템의 계속적인 확대, 그리고 강의식 수업에 대한 향수(복고풍) 등이 공존하지 않을까 생각합니다.

♦

프랜차이즈 학원으로 성공하기
- ① 업체 선정하기

프랜차이즈 학원으로 성공하려면 어떻게 해야 할까요?

우선, 본사 선정 시 유의해야 하는 사항들을 정리해 보겠습니다.

1. 업력(業歷)

영어 프랜차이즈 사업을 몇 년 했는지 파악해야 합니다. 신규 브랜드의 경우, 사업 초기에 활발히 활동하다 사라질 우려가 있습니다. 또한, 많은 시행착오를 겪을 수도 있습니다. 그 피해는 고스란히 가맹 학원에 돌아갑니다.

2. 대표 이사

본사 대표 이사의 학원 업계 경력 등을 파악합니다. 반드시 학원 업계 경력자일 필요는 없으나 아무래도 학원장의 생리를 잘 이해해 주는 사람이 좋습니다. 대표 이사는 능력뿐만 아니라 성품도 상당히 중요합니다.

3. 재무 상태

재무제표는 정보 공개서를 통해서 확인되니, 이것으로 대략 본사의 재정 상태를 파악할 수 있습니다. 참고로 정보 공개서는 가맹 계약 전 반드시 공개되어야 합니다.

4. 지사 조직

지사는 지역 영업 및 관리를 담당하는 조직으로 프랜차이즈 본사의 핵심입니다. 일부 회사는 지사 조직이 지나치게 노령화되어 있는 경우가 있는데, 이것은 결코 바람직하지 않습니다. 그리고 지사 조직이 학원 경험이 없는 지사장들로 구성되어 있는 것 역시 바람직하지 않습니다.

5. 브랜드 파워

간판이 많이 보이는 브랜드가 브랜드 파워가 있다고 생각하시면 됩니다.

6. 평판

지인 학원장 등을 통하여 본사에 대한 평판을 듣고 판단해야 합니다. 다만, 인터넷상의 피해사례는 사실 한 쪽의 일방적인 주장(주로 학원장)일 수 있어서 현명한 판단이 요구됩니다. 직접 학원을 운영하는 지인의 평가가 비교적 정확합니다.

7. 교재 및 콘텐츠

4~5년 정도 학습할 수 있는 교재 커리큘럼을 갖추고 있어야 합니다. 그래야 가맹 학원 입장에서 커리큘럼에 대한 고민 없이 학원을 운영할 수 있습니다.

하지만 6년 이상의 커리큘럼을 갖춘 것도 바람직하지 않습니다. 보통 상위 레벨의 교재는 판매량이 적은데, 미리 교재 커리큘럼이 짜여 있으면 프랜차이즈 본사의 경영 압박 요인이 됩니다.

8. 직영 학원 여부

본사가 자사 브랜드에 자신이 있고, 자금이 있다면 직영 학원을 운영합니다. 직영 학원은 프랜차이즈 본사의 프로그램을 바로 현장에 적용할 수 있어서 교재의 장단점 등에 대한 피드백을 비교적 정확하고 신속하게 받을 수 있습니다. 이것은 문제 개선을 위한 아이디어의 원천이 되며, 부교재 제작 등의 후속 작업에 많은 도움이 됩니다. 직영이 아닌 가맹 학원에서는 학원장의 교육 철학 및 운영 철학에 따라 프로그램이나 교재가 각기 다르게 사용되므로 객관적인 평가가 어렵습니다. 따라서 교재 및 프로그램 연구에 한계가 있을 수밖에 없습니다.

9. 가맹 학원에 대한 지원 사항

학원을 대신해서 학생을 모집해 준다는 브랜드도 있는데 이것은 사실상 액션에 불과합니다. 학생은 학원이 모집해야 합니다. 그보다는 교육 지원이 좋은 브랜드를 선택하는 것이 좋습니다. 학원장, 강사에 대한 교육이 지속적으로 지원되는 것이 중요합니다.

10. 학원장 모임이 활성화된 브랜드

이것은 지역의 지사가 주도해서 진행합니다. 이런 모임이 많을수록 정보 교류가 쉽고 동기 부여가 잘 됩니다. 이 부분이 매우 중요합니다. 혼자 학원을 운영하면 매너리즘에 빠지기도 하고 때로는 우울하고 화가 나는 상황도 발생하는데, 학원장 모임에서 이런 부분을 해소할 수 있습니다.

프랜차이즈 학원으로 성공하기
- ② 계약

본사를 결정한 후, 계약서를 작성하고 가맹비를 납입하면 계약이 이루어집니다. 이때, 가장 중요한 것은 계약서를 작성하기 전에 반드시 회사의 정보 공개서를 수령하는 것입니다. 정보 공개서에는 회사에 대한 상세한 정보가 기록되어 있습니다. 회사의 재무제표는 물론, 전국 지사의 현황과 가맹 학원 현황까지 정확히 기록되어 있어야 합니다. 정보 공개서는 가맹 학원에 대한 법적인 차원의 보호라 생각하시면 됩니다.

정보 공개서를 수령한 후 곧바로 계약할 수는 없으며, 정보 공개서 수령 후 14일 이후에 계약이 가능합니다. 가맹 학원 측에서 정보 공개서를 꼼꼼히 살펴볼 시간을 주기 위한 법적인 안전장치입니다. 만일, 정보 공개서 수령 후 14일 이내에 계약이 이루어지면 계약은 무효이며 프랜차이즈 본사에 대한 엄중한 제재가 있습니다. 예외적인 경우로 가맹거래사의 도움을 받으면 7일로 기간이 줄어듭니다.

이제, 14일이 지나면 계약서를 작성합니다. 단, 권장하고 싶지 않은 경우가 있습니다. 바로 계약서가 두꺼운 경우입니다. 프랜차이즈 계약서가 두껍다는 것은 그만큼 가맹 학원에 대한 강제 규정이 많다는 의미이며, 향후 법적인 분쟁 발생 시, 계약서를 근거로 하여 법적인 다툼에서 본사가 우위에 있으려는 전략입니다. 한마디로 본사의 '갑질' 가능성이 매우 농후합니다. 최근에는 점차 가맹 학원이 갑이 되어서 프랜차이즈 계약서의 살벌한 조항이 많이 없어지는 추세이긴 합니다.

계약서의 기본 내용은 대부분 가맹 학원이 임의로 바꾸기가 어렵습니다. 그러나 특약 부분은 상호 협의 하에 작성하는 것이니 꼼꼼히 살펴보셔야 합니다. 특약에서 가장 중요한 것은 구역권입니다. 구역권이란, 본사로부터 인정받는 영업 범위이며, 이 범위 안에서만 홍보를 할 수 있습니다. 그런데 이 구역권이 향후 격렬한 분쟁의 불씨가 될 수 있습니다. 그러므로 지도에 상세히 표기하고 상호 날인하여 후일의 분쟁을 방지해야 합니다.

또 하나의 중요한 사항이 교재 의무 구매 수량에 관한 것입니다.
본사로부터 구역권을 부여받을 때는 그만큼의 의무도 함께 부여받습니다. 권리와 의무는 함께 가는 것입니다. 가맹 학원의 권리는 구역권과 상표 사용권이며 의무는 교재 구매입니다. 즉, 교재에서 일정액의 매출을 올려 주어야 합니다. 프랜차이즈 본사가 자선 단체가 아닌 이상, 구역권에 상응하는 최저 교재 구매 수량을 지정하는 경우가 대부분입니다. 이 의무 구매 수량을 미리 파악하셔야 합니다.

구역권과 최저 교재 구매 수량에 대한 확인 후에는 본사·지사의 홍보 지원 여부, 교육 지원 여부, 학부모 설명회 지원 여부 등을 확인하고 계약서를 작성하시면 되겠습니다.

♦

프랜차이즈 학원으로 성공하기
- ③ 운영

업체 선정도 했고 계약도 했으니 이젠 열심히 운영하는 일만 남았습니다. 그렇다면 어떻게 운영해야 프랜차이즈 학원으로 성공할 수 있을까요?

저는 이렇게 말씀드리고 싶습니다.

프랜차이즈 계약은 결혼과 같다고.

결혼하기 전에는 신중하게 배우자를 결정해야 합니다. 그리고 결혼한 후에는 한눈팔면 안 됩니다. 나의 남편이, 나의 아내가 다른 남편이나 다른 아내보다 부족하다고 원망하고 불만을 품으면 결혼 생활의 지속이 어려우며 행복하지 않은 나날이 계속됩니다. 프랜차이즈도 마찬가지입니다. 일단 계약했으면 본사와 콘텐츠를 신뢰해야 합니다.

남의 떡이 커 보인다고, 프랜차이즈를 운영하다 보면 프로그램의 단점이 드러나고 불만족스러운 사항을 발견할 수 있습니다. 그러나 내가 만든 브랜드가 아닌 이상, 나에게 꼭 맞는 프랜차이즈는 없습니다. 그러니 큰마음으로 품어 주세요. 그러면 단점을 넘어서는 장점들이 보이고, 프로그램을 100% 이상 활용할 수 있는 노하우가 쌓일 것입니다.

지역을 관리하는 지사장과도 좋은 관계를 유지해야 합니다. 프랜차이즈 계약을 하면 학생과 학부모뿐만 아니라 프랜차이즈 본사와 지사장도 이해관계인이 됩니다. 이해관계인과는 좋은 관계를 유지하는 것이 여러모로 좋습니다.

같은 프랜차이즈 동료 원장님들과도 좋은 관계를 유지해야 합니다. 해당 프로그램에 대한 많은 노하우를 공유할 수 있으며 동기 부여의 원천이 되고, 때로는 학부모나 학생들로부터 상처받았을 때 큰 위안이 되어줄 수 있습니다.

교재 연구는 필수입니다. 본사에서 제공하는 매뉴얼이나 스터디 플랜, 부교재 등에 대한 파악을 신속히 하셔야 합니다. 단, 프랜차이즈 학원을 운영하면서 외부 교재를 지나치게 많이 사용하는 경우가 있는데 섣불리 프랜차이즈 교재와 외부 교재가 혼합된 커리큘럼을 짜면 독이 될 수 있습니다. 부족하다고 생각하는 부분에 한하여 원장님 개인의 교육적 철학에 맞춰 부교재(프린트 교재)를 만드는 것이 낫습니다. 즉, 프랜차이즈 교재를 최대한 활용하라는 의미입니다.

물론, 지나치게 프랜차이즈에 의존해도 위험성이 있습니다. 100% 프랜차이즈만 믿고 있다가 본사가 위험해진다면 무척 난감한 상황이 발생할 수도 있습니다. 또, 가맹 학원에 대한 본사의 장악력이 지나치게 커져서 운영이 어려워질 수도 있습니다. 그래서 신뢰할 만하고, 재정이 안정적이고, 업력이 있는 프랜차이즈를 선정하는 것이 중요합니다.

◆

영어 프랜차이즈 본사 교육

영어 프랜차이즈 가맹 계약을 하면 보통 본사에서 실시하는 학원장 교육에 참석해야 한다는 강제 규정이 있습니다. 물론, 교육을 강제하지 않는 곳도 있습니다만, 규모가 큰 프랜차이즈일수록 학원장 교육에 반드시 참석하도록 하는 경우가 많습니다.

학원장 대상의 교육은 작은 영어 프랜차이즈 본사에서는 감당하기 쉽지 않습니다. 대상 인원(가맹 학원)이 어느 정도 있어야 하고, 브랜드만의 교육 프로그램도 있어야 하니 작은 회사는 하고 싶어도 못 하는 것이지요.

그런데 학원장 교육에 참가해야 한다는 의무 조항에 경험이 없는 원장님들은 환영하지만, 학원 경험이 있는 원장님들은 거부 반응을 보이는 경우가 많습니다.

우선은 일정에 난감해합니다. 주부인 경우, 2박 3일에서 3박 4일가량 합숙까지 해야 하는 일정을 소화하기가 쉽지 않습니다. 또, 학원 경력자의 경우에는 '내가 굳이 교육을 받아야 하나?'라는 마음이 들기도 합니다.

하지만 그럼에도 불구하고, 저는 교육 참가를 적극 권장합니다. 이제 막 학원 사업을 시작한 신입 원장님은 당연하고, 학원 경력이 많은 원장님도 참석하실 것을 권유합니다.

학원 경력이 많아도 해당 프랜차이즈의 프로그램은 잘 알지 못합니다. 그러면 가맹한 영어 프랜차이즈의 프로그램을 제대로 활용할 수 없습니다.

동기 부여 측면에서도 교육에 참가하는 것이 좋습니다. 보통 프랜차이즈 본사 교육에는 성공 사례 발표가 있습니다. 여기에서 상당한 동기 부여와 영감을 얻을 수 있습니다. 또한 동료 원장님들도 만날 수 있는데, 여기서 만난 원장님들은 학원을 운영하는 데 있어서 정신적으로도, 노하우 공유 면에서도 큰 도움이 될 것입니다.

◆

영어 프랜차이즈의 갈등 요소들

프랜차이즈로 영어 학원을 운영할 때 흔히 발생하는 갈등 요소 몇 가지를 정리해 보았습니다.

1. 영어 브랜드 파워에 대한 과도한 기대

프랜차이즈 간판을 달면 학생들이 저절로 모인다는 생각을 하는 경우 갈등이 발생합니다.

2. 구역권

극심한 충돌이 발생할 수 있는 요소로 계약 시, 지도에 정확한 구역권을 표시하여야 분쟁을 방지할 수 있습니다.

3. 신교재 개발

본사의 지속적인 신교재 개발을 기대할 때 발생합니다.

4. 교재 가격

프랜차이즈 영어 학원을 오래 운영할수록 비싼 교재 가격에 대한 불만이 발생합니다.

5. 프랜차이즈 본사의 홍보 지원

광고, 홍보 등 본사의 지원을 기대합니다.

6. 프랜차이즈 본사 교육

본사 교육이 너무 많아도 갈등이 발생하고, 반대로 너무 적어도 발생합니다.

7. 프랜차이즈 본사와 지사의 간섭

본사와 지사가 교재 매출 등을 압박하기도 합니다.

8. 간판 등 외부 홍보물

본사는 자신의 기준으로 간판 등 학원 외부 홍보물 설치를 강요하는 경우도 있습니다.

이상이 제가 꼽는 대표적인 영어 프랜차이즈 갈등 요소들입니다.

그렇다면 어떻게 이러한 갈등을 예방할 수 있을까요?

위에서 설명한 것처럼, 구역권은 가맹 계약서에 특약 사항을 작성하여 방지할 수 있습니다. 나머지 부분은 서로에게 과도한 기대를 하지 않으면서 상대방의 상황을 이해하려는 마음을 가짐으로써 극복할 수 있을 것입니다. 나만의 일방적인 주장은 상황을 어렵게 만들 뿐입니다. 프랜차이즈 본사와 가맹 학원은 한 팀임을 잊지 마세요!

◆
프랜차이즈 구역권

개인 브랜드가 아닌 프랜차이즈로 영어 학원을 운영할 때, 본사와 가장 극심하게 충돌하는 부분이 바로 구역권입니다. 구역권은 '보장 상권'을 의미하므로 가맹 학원과 프랜차이즈 본사 모두에게 상당히 중요합니다.

학원으로서는 가맹 계약 시 구역권을 꼼꼼히 살펴보고 이를 확실히 보장받아야 하며, 이를 위해서는 해당 구역을 정확하게 지도에 표기해야 합니다.

한편, 구역권은 그 구역 내에서 본사에 일정 금액의 매출을 올려 주겠다는 약속이기도 합니다. 즉, 구역권은 권리이자 의무입니다. 본사 입장에서는 매출이 나오지 않는다면 구역권을 보장할 이유가 없습니다. 이와 같은 상호 입장을 고려한다면, 구역권에 대한 충돌 발생 시 합의점을 찾을 수 있을 것입니다. 만약 합의가 이루어지지 않는다면, 공정거래위원회를 통해 중재를 받거나 민사 소송을 통해 법적으로 해결해야 합니다.

◆
그들은 어떻게 롱런할 수 있었는가?

권불십년(權不十年)이란 말이 있습니다. 이 말은 영어 프랜차이즈 업계에도 적용되어, 과거에 잘나갔던 영어 브랜드도 10년이 넘으면 쇠퇴하는 경향이 뚜렷합니다.

하지만 이런 상황에서도 꾸준히 롱런하는 브랜드들이 있습니다. 그중에서 주목할 만한 곳으로 저는 ECC와 SLP를 꼽고 싶습니다. 물론 과거의 영광에 비하면 약해지기는 했으나 아직 탄탄한 위치를 차지하고 있습니다.

이 두 브랜드는 어떻게 롱런할 수 있었을까요?

이들이 시장에 등장한 것은 1994~1995년경입니다. 이때는 우리나라에 프랜차이즈라는 용어조차 생소한 시기였기에, 명확한 회사의 방향을 정하기도 어려웠습니다. 그러나 이 두 브랜드는 현재 기준으로 보아도 감탄할 만큼 훌륭한 브랜드 관리 능력을 보여줍니다. 아마 프랜차이즈 성공의 핵심은 브랜드 이미지 구축이라는 것을 꿰뚫고 있었던 것 같습니다.

두 브랜드는 다음의 기준을 갖추어야만 가맹 학원을 개설해 주었습니다. (이 기준은 회사에서 밝힌 것이 아니고, 제 나름대로 파악한 것임을 밝힙니다.)

1) 일정 규모 이상의 어학원만 인가 (규모 중시)

2) 고급스러운 인테리어

3) 자금 여력이 되는 원장님만 가맹 계약

4) 가맹 학원에 대한 구역권 최대한 보장

위의 네 가지가 제가 생각하는 두 브랜드 롱런의 핵심입니다.
그런데, 가장 중요한 한 가지가 빠지지 않았나요?
바로 '영어 콘텐츠'입니다.

저는 초창기 이 두 브랜드의 영어 콘텐츠에는 높은 점수를 줄 수 없습니다. 자체 교재도 없었고, 전반적으로 내세울 만한 영어 콘텐츠는 아니었다고 생각합니다. 두 영어 브랜드는 콘텐츠보다는 브랜드 이미지 구축에 중점을 두어 성공한 것입니다.

당시 제가 근무하던 프랜차이즈 본사는 두 영어 브랜드와 비교해 월등한(제 기준으로) 영어 콘텐츠를 갖추었으나, 두 브랜드에 비해 고급 이미지 구축에는 성공하지 못했습니다. 아니, 정확히 말하면 콘텐츠만 좋으면 된다는 오판을 했습니다. 그만큼 프랜차이즈 시장에서의 브랜드 이미지는 중요합니다. 두 브랜드는 창업 초기에 이 부분을 잘 해냈고, 이후에도 브랜드 이미지 관리에 성공하여 지금도 롱런하는 것이라는 생각이 듭니다.

♦

잘나가던 프랜차이즈의 몰락 ①

2000년도 초반, 가맹 학습관이 3,000개가 넘는 영어 공부방 브랜드
가 있었습니다.

저는 이 영어 공부방 브랜드가 현재 푸르넷 등의 전 과목 공부방에 큰
영향을 주지 않았나 생각합니다. 이 브랜드는 학생과 학부모의 교재에
대한 만족도도 높았고, 수강료가 학원에 비해 매우 저렴해 각 학습관
(공부방)에서 적지 않은 학생을 보유하고 있었으며, 전국 가맹 학습관
이 3,000개를 단숨에 넘었으니 상당한 성공을 거둔 브랜드였습니다.
그러나 이 브랜드는 2000년도 중반에 이르러 위기를 겪었고 이후 흔
적도 없이 사라집니다.

도대체 이유가 무엇일까요? 이렇게 엄청난 열풍을 일으킨 브랜드가
조금 쇠퇴하는 것도 아니고 흔적도 없이 아예 사라지는 경우는 드문
데 말입니다.

저는 수익률에 대한 불만 발생이 가장 큰 이유라고 분석합니다. 이
영어 공부방은 선생님이 자신의 학습관(주로 주거지)에서 강의를 하고,
수강료를 본사 및 지사와 나누는 식의 수익 구조로 되어 있었습니다.
그런데 문제는 강의는 선생님이 하는데 본사와 지사로 가는 수익이
너무 컸다는 것입니다. 더욱이 본사와 지사도 수익률을 놓고 극단적인
대립을 합니다. 서로 간의 극심한 분쟁은 결국 조직 전체의 붕괴로 이

어졌습니다.

사업 구조 자체가 무너질 수밖에 없는 구조였을까요?

정답은 모르겠습니다. 그러나 사업 구조의 문제였다면 서서히 쇠퇴하거나 다른 방법을 찾지 않았을까 싶습니다. 서로가 인내심을 가지고 조금씩 양보했어도 같은 결과였을까요?

◆

잘나가던 프랜차이즈의 몰락 ②

2000년대 중반 이후에 등장해서 꽤 잘 나가던 영어 프랜차이즈 브랜드가 있었습니다. 한 번 들으면 잊히지 않는 아주 쉬운 이름으로, 브랜드 이름부터 정체성을 드러냈습니다.
'말이 통하는 B 영어!'
영어 말하기 전문을 표방한 프랜차이즈 업체였습니다.

말하기 전문을 표방하는 영어 프랜차이즈는 기본적인 프로그램이 갖추어지면 일단 시장에서 기본은 한다는 것이 저의 생각입니다. 그만큼 말하기 수요가 많기 때문입니다.

역시 회사는 순풍을 만난 듯 성장했습니다. 대표 이사가 앞장서서 적극적으로 경영을 했고, 언론에도 대표 이사의 인터뷰 기사가 노출될 정도로 인지도가 높아졌습니다. 가맹 학원은 1,000여 개에 달했습니다.

그러나 이 시점에서, 회사는 일순간에 몰락합니다. 관계자에게 들은 바로는 대표 이사의 의욕이 지나쳐서 무리한 투자를 했다고 합니다. 결국, 회사는 부도가 났습니다. 대표 이사가 이를 해결하기 위해 무던히도 노력했지만, 회사를 살려내지는 못했습니다. 이후 이 영어 브랜드는 시장에서 자취를 감추었습니다.

경영, 참 어렵습니다.

성장기에 치고 나가는 적극성이 필요한지?

아니면 보수적인 판단이 필요한지?

너무나 어려운 결정입니다.

어쩌면 경영자는 결과로써만 평가되는지도 모르겠습니다.

◆

출신별 프랜차이즈 브랜드 특징 분석

보통 영어 프랜차이즈 사업을 하는 회사는 어학원, 출판사, 학습지 출신으로 분류됩니다.

어학원 출신을 예로 들면, 정상 어학원, 청담 어학원, 토피아, 아발론 등 대형 영어 프랜차이즈 브랜드가 있습니다.

출판사 출신은 해법영어, 삼성영어가 대표적이고, 학습지 출신으로는 윤선생, 한솔 주니어 랩(현 능률 주니어 랩)이 대표적입니다.

그렇다면 출신별 교재의 특징이 있을까요?

아마, 위의 분류로 대충 짐작하셨으리라 생각합니다.

어학원 출신 브랜드 교재는 난도가 상당히 높습니다. 학생들이 어려워하더라도 선생님이 도와줄 수 있기 때문입니다. 진도도 학생들이 버거워할 정도로 많이 나갑니다.

반면, 출판사나 학습지 출신 브랜드의 교재는 내용이 매우 디테일하고 비교적 쉽습니다. 그렇지 않으면 그 교재는 잘 팔리지 않고(출판사), 혼자서 숙제(학습지)를 할 수 없기 때문입니다.

출판사나 학습지 출신 회사들은 혼자서 공부할 수 있는 시스템에 적합한 교재를 만들어왔고, 이에 대한 많은 노하우를 보유하고 있습니다. 그래서 이 교재들은 랩 스쿨 시스템에 매우 적합합니다. 혼자서 학습이 가능해야 하므로 교재는 쉬워야 하며, 진도는 학생들이 힘들지 않게 적당히(하루 3쪽 정도) 나갑니다.

출신별 사업 구조도 다릅니다.

대형 어학원 출신 브랜드는 가맹비와 월 로열티가 본사의 주요 수입원입니다. 대형 어학원 브랜드는 가맹비(소멸성)가 보통 1억~2억 원 정도이고, 월 로열티는 매출액의 5% 정도입니다.

반면, 출판사나 학습지 출신 브랜드는 가맹비나 로열티보다는 교재 매출액이 주요 수입원입니다. 그래서 가맹 학원 수와 가맹 학원당 교재 매출액에 사업 성공 여부가 달려 있습니다.

가맹 학원 수가 중요하다 보니 구역권 충돌이 쉽게 발생하고, 교재 매출이 적은 가맹 학원에 대한 냉대(?)가 발생합니다. 저의 계산으로는, 이렇게 교재 매출을 주요 수입원으로 하는 영어 프랜차이즈는 가맹 학원 수가 1,000개를 넘어야 안정적인 회사 운영이 가능하다고 봅니다.

대형 어학원은 1억 이상의 가맹비를 이미 받았으니 그 압박 강도가 상대적으로 덜 하지요. 보통 대형 어학원 브랜드의 전국 T/O는 100개 정도입니다.

위의 특징들을 업체 선정 및 학원 운영에 참고하시기 바랍니다.

인터넷에서 추천하는 프랜차이즈

학원 창업을 희망하거나 브랜드 도입을 고려 중인 학원장들은 정보 수집을 위해 인터넷 평판을 참고하는 경우가 많습니다. 주로 인터넷 카페나 포털 검색을 활용합니다. 그런데, 과연 이곳에 쓰인 글을 100% 믿어도 될까요?

대부분 카페를 보면 '영업글'이 넘쳐납니다. 심지어 자기들끼리 글을 쓰고 자기들끼리 댓글을 달기도 합니다. 카페 운영자는 이런 글이 영업자들의 글인 것을 알지만 방치합니다. 이유는 간단합니다. 비록 영업글이라도, 글이 많으면 카페가 검색될 가능성이 커지고, 그러면 카페 방문자도 늘어나고 카페의 위상이 올라가기 때문입니다. 이는 당연히 수익과 직결됩니다.

정말 지속적으로 교묘하게 홍보글을 쓰는 사람들도 있습니다. 학원장 행세를 하면서 본인 회사를 홍보합니다. 놀랍게도 많은 사람들이 홍보글인 것을 파악하지 못하고 업체 소개를 부탁합니다.

학원이 잘되는 바쁜 학원장이 인터넷 카페에 친절하게 자신의 학원을 오픈하며 특정 브랜드를 칭찬하는 글을 지속적으로 쓸 수 있을까요? 한두 번이면 몰라도.

한편, 본인의 잘못은 일절 밝히지 않고 일방적으로 업체를 비방하는 글도 점점 많아지고 있습니다. 소위 '갑질'을 당했다며 억울함을 호소하는 것입니다. 그러나 사실은 알고 보면 '을질'인 경우가 많습니다. 그러니 인터넷상의 글에 대해 양쪽의 입장을 모두 들어보지 않고 판단하는 것은 매우 위험합니다.

위와 같은 여러 경우를 보았을 때, 인터넷을 통해 프랜차이즈 브랜드를 선정하는 것은 위험할 수밖에 없습니다. 결국은 발품을 팔아서 직접 여러 학원을 방문하여 의견을 구하는 것이 가장 정확합니다.

학원을 방문할 때에는 정중히 예의를 갖추는 것도 잊지 마시길 바랍니다. 배우고자 하는 겸손한 태도는 시작하는 학원장이 가져야 할 중요한 자세입니다.

◆

학원 프랜차이즈의 특수성

학원 프랜차이즈는 타 업종의 프랜차이즈 사업과는 다른 특수성이 있습니다. 제가 생각하는 가장 중요한 차이점은 '눈에 보이는 것이냐, 보이지 않는 것이냐'입니다.

학원 사업은 주로 노하우와 관련된 사업으로, 통일화가 매우 어렵습니다. 똑같은 교재를 사용하더라도 학원마다 모두 특징이 다릅니다. 또한, 가맹 학원에서는 본사에서 공급하는 교재도 사용하지만, 외부에 워낙 다양한 교재들이 나와 있으니 이를 구매해서 사용하는 경우도 상당히 많습니다. 물론, 본사에서는 무척 싫어하지요.

사실, 성공한 프랜차이즈를 분석해 보면 본사의 강력한 통일화가 핵심 요소임을 알 수 있습니다. 타 업종을 예로 든다면 파리바게뜨, 배스킨라빈스 등이 있겠지요. 모두가 본사의 통일화 정책이 성공한 곳입니다.

그런데 이렇게 통일화에 성공한 학원 브랜드는 몇 군데 안 됩니다. 수많은 영어 프랜차이즈 브랜드 중 ECC, SLP, 청담 어학원, 정상 어학원 정도가 통일화에 성공했다고 볼 수 있습니다.

학원 사업은 프랜차이즈 형태로 운영하는 것이 어렵습니다. 교재, 시스템, 운영 방식 등이 모두 통일되어야 하는데 사실 그런 학원 프랜차이즈 찾기는 쉽지 않습니다. 학원마다 다 다릅니다. 이것은 교육 사업의 본질상 당연한 결과입니다. 단순히 정해진 메뉴를 제공하는 사업이 아닌, 교육 서비스를 제공하는 사업이기 때문입니다.

　이러한 교육 사업의 본질을 파악한 새로운 사업 형태도 등장하고 있습니다. 교재와 시스템만 공급하고 학원 자체적으로 운영하게 하는 형태입니다. 저는 향후 이러한 형태가 대세가 되리라 전망합니다. 그리고 이러한 흐름의 변화에 새로운 사업 기회가 있을 수 있습니다.

♦

영어 프랜차이즈 지사에 대하여

프랜차이즈 본사의 영업 방식에는 크게 두 가지가 있습니다. 본사에서 직접 가맹 사업을 하는 방식과 지사를 통해서 하는 방식입니다.

본사에서 직접 가맹 사업을 하는 곳은 주로 대형 어학원 브랜드입니다. 예를 들면, 정상 어학원, 청담 어학원, 아발론 등이 있습니다. 보통 이런 대형 학원은 전국적으로 100개 정도의 가맹 학원이 있으면 거의 모든 지역이 다 찬 것이라고 볼 수 있습니다.

지사를 통해서 가맹 사업을 하는 형태는 본사에서 지사에 영업을 위탁한 경우로, 학원의 규모가 소규모이며 많은 숫자의 가맹 학원이 필요한 경우입니다. 예를 들면, 해법영어, 삼성영어, 뮤엠영어, 3030잉글리시 등이 있습니다.

그러면 본사는 왜 수수료를 감수하면서 지사라는 중간 조직을 통해서 영업을 할까요?

첫째, 영업력을 강화하기 위해서입니다. 본사의 영업은 지역적인 한계가 있지만, 지사를 통하면 전국 방방곡곡 영업을 할 수 있습니다.

둘째, 본사의 비용 절감을 위한 것입니다. 프랜차이즈 사업 초기에는 적지 않은 직원이 필요합니다. 매출이 없는 사업 초기에 이것은 큰 부담입니다. 그래서 지사 조직에 영업을 위탁하는 것입니다. 본사와 지사는 고용 관계가 아니기 때문에 본사에는 지사의 영업에 대한 비용 부담이 없습니다. 대신, 지사는 가맹비와 교재비에 대한 일정액의 수수료를 받습니다. 그러나 단순히 교재 배송만 하는 것은 아니라는 점에서 총판과는 차별화됩니다.

　지사는 가맹점을 모집하고, 가맹 학원에 대한 교육이나 정기 모임을 정기적으로 진행하고, 때로는 학생 모집에도 도움을 주는 역할도 해야 합니다. 따라서 지사를 운영할 지사장은 비즈니스 마인드를 갖춘, 어느 정도 학원 운영 경험이 있는 학원장 출신이 가장 좋습니다. 나이는 너무 많지 않은 편이 좋습니다. 물론, 나이가 많아도 서비스 정신이 뛰어난 분이라면 상관없습니다. 그리고 무엇보다 원장님들을 돕는다는 마인드가 있어야 합니다. 그래야 가맹 학원장들과 유대감도 형성하며 각종 도움을 줄 수 있습니다. 특히, 초보 원장님에게는 지사장의 도움이 필수입니다.

　하지만 지사의 장래가 매우 밝아 보이지는 않습니다. 과거에는 월 수천만 원을 벌기도 했던 지사가 최근에는 상당히 고전하고 있습니다. 이는 교육 시장의 경쟁이 치열해지면서 지사의 수익이 형편없어졌기 때문입니다. 또한 시대적으로도 직구(직접 구매)의 개념이 대세가 되면서 지사에 대한 부정적인 인식이 생겼습니다. 중간에서 교재 가격만 올린다고 여기는 것입니다. 앞으로도 가맹 학원장들은 지속적으로 지사의 존재에 대한 의문을 품게 될 것입니다. 따라서, 일부 브랜드 파워가 있는 업체를 제외하고는 지사를 하면서 수익을 내기는 어려우리라 생각합니다.

물론, 가맹 학원을 위해 열심히 일한다면 인정받을 수 있을 것입니다. 실제로 그런 지사장님들도 많이 계십니다. 다만, 쉽지 않은 길이라는 사실은 염두에 두시기 바랍니다.

♦
망해가는 프랜차이즈 본사의 전조 현상

영어 프랜차이즈 업계에서 근무해 오면서 참 오랫동안 영어 프랜차이즈 본사의 흥망성쇠를 직접 체험하며 또 목격해 왔습니다. 그러다 보니 망한 프랜차이즈 본사의 마지막 모습도 자연스럽게 익히게 됐습니다.

그렇다면 어떤 모습이 프랜차이즈 본사의 망하기 전 모습일까요? 보통은 다음과 같은 전조 현상을 보이며 2~3년 정도 더 버티다가 시장에서 사라집니다.

1. 가맹 계약서가 두꺼워진다.

처음에는 그렇지 않았는데 갑자기 가맹 계약서가 두꺼워집니다. 가맹 학원을 통제하기 위해서입니다. 추가된 계약 내용은 프랜차이즈 본사에 일방적으로 유리한 조항일 가능성이 매우 큽니다. 보통 추가된 조항을 보면 겸업 금지, 경업 금지, 계약 해지 후 일정 기간 동종 업종 근무 금지, 비밀 유지 등 실소를 금할 수 없는 내용입니다. 수억 원대 연봉을 받는 대기업 S급 인재에게나 적용될법한 조항들입니다. 본사가 가맹 학원에 수억 원 연봉을 주는 고용 관계도 아닌데 말입니다.

2. 억압적인 말투와 공포 분위기 조성

과거에는 그러지 않았는데 학원장을 무시하고 대놓고 공격합니다.

험한 말을 하고 협박을 하기도 합니다. 그리고 학원장을 협박하는 내용 증명 발송을 남발합니다. 법적으로 이길 수 없음을 알면서도 계약서 조항을 들먹이며 손해 배상 등을 청구하는 내용 증명을 발송합니다. 가맹 학원의 이탈을 막기 위해 공포감을 조성하는 것입니다. 가맹 학원의 이탈을 막기 위한 최후의 수단으로 악수惡手입니다. 이는 회사가 재정적으로 매우 어려운 상황에 처해 있다는 증거입니다.

3. 본사 교육이 없어진다.

처음에는 귀찮을 정도로 오라고 하던 프랜차이즈 본사 교육이 없어집니다. 이는 본사가 교육할 것이 없기 때문입니다. 본사가 활기를 잃은 것입니다. 특히, 신입 원장 대상 교육이 없다면 이는 가맹이 잘 진행되지 않고 있다는 의미입니다.

4. 본사와 지사, 본사와 가맹 학원의 충돌이 격해진다.

태생적(?)으로 프랜차이즈 본사와 지사는 충돌이 불가피합니다. 그러나 그 충돌의 강도가 점점 격해진다면 감정적인 판단을 내릴 가능성이 큽니다. 법적인 분규까지 발생하면 브랜드 경영에 상당한 차질이 있어 그 피해가 가맹 학원으로 돌아갑니다.

5. 본사를 비난하는 가맹 학원이 늘어난다.

본사가 아무리 잘해도 늘 불만 많은 학원장이 존재하기는 합니다. 특히, 프랜차이즈를 처음 해보는 학원장들은 기대가 커서 실망도 매우 큽니다.(프랜차이즈 경험이 많은 분들은 기대치가 크지 않으니 불만도 크지 않습니다.) 그러나 학원장의 현명한 판단이든 경험 부족에 의한 판단이든, 본사를 비난하는 가맹 학원이 늘어나면 이는 가맹 탈퇴로 이어지고 본사는 사업을 지속하기 힘들게 됩니다.

학원장이 싫어하는 프랜차이즈 본사·지사

학원장 입장에서는 어떤 본사 혹은 지사가 싫을까요?
'전적으로 학원 입장에서' 정리해 보겠습니다.

1. 잡아 놓은 물고기 취급

프랜차이즈 본사가 계약 전, 후의 모습이 완전히 다른 경우입니다.
해주겠다고 했던 것들을 해주지 않습니다. 특히, 개발을 약속한 교
재나 콘텐츠를 제공하지 않는다면 법적으로도 큰 문제가 될 수 있습
니다.

2. 교재비가 비싼 경우

처음 학원을 시작할 때는 별로 신경 쓰지 않고 계약을 합니다. 그러
나 시간이 갈수록 본사에 내는 교재비에 대한 부담을 느낍니다. 타
영어 프랜차이즈 브랜드의 교재비 액수를 들으면 더욱 아까워집니
다. 아니, 화가 나기 시작합니다.

3. 교재 사용을 압박하는 본사

도와주는 것도 없으면서 교재 사용에 대해 압박을 가합니다. 내가
마치 교재 영업 사원이 된 것 같은 감정을 느낄 때가 있습니다. 학원
장은 학원의 오너인데 말이죠.

4. 학원의 의견을 무시하는 본사

프랜차이즈 교재 개선, 학원 지원 등에 관한 좋은 의견을 내도 전혀

듣지 않습니다. 오히려 불만만 많다고 학원장을 싫어합니다.

5. 상권을 보호하지 않는 본사

본사의 어떤 언질도 없이, 갑자기 근처에 동일 프랜차이즈 브랜드의 영어 학원이 개원합니다.

6. 교재 개발을 소홀히 하는 본사

학원 경쟁력을 갖추기 위해서는 신교재의 개발이 필요한데, 본사에서는 자금 부족 등의 이유로 거부합니다.

7. 학원장을 차별 대우하는 본사

교재 매출 많은 학원과 적은 학원을 차별 대우합니다. 교재 매출이 적다고 노골적으로 본사에서 무시합니다.

8. 누가 주인?

분명히 내가 모은 학생들인데 마치 본사의 학생인 것처럼 관리합니다. 본사는 학원의 수강생을 자신의 재산이라고 하는 등 어처구니없는 주장을 합니다. 심지어 법적인 대응을 하는 본사도 있습니다.

9. 갑질하는 본사

본사의 정책에 어긋나면 경고, 협박하고 내용 증명을 보내는 등 대화보다는 법적 대응을 주로 합니다.

글을 읽다 보니 분노가 막 솟구치시나요?

그렇다면 좀 참으시고 다음 글 '프랜차이즈 본사·지사가 싫어하는 학원장'도 읽어 보신 후 판단하셨으면 합니다.

프랜차이즈 본사·지사가 싫어하는 학원장

프랜차이즈 본사·지사 입장에서는 어떤 원장님들을 싫어할까요?
바로 이런 유형의 원장님들입니다.

1. 교재 구매 저조
프랜차이즈는 동아리 모임이 아닙니다. 상호 기여를 해야 하는 비즈
니스입니다. 내 사정 좀 이해해 달라는 이런저런 핑계는 공허한 외
침에 불과합니다.

2. 비객관적인 비교
프랜차이즈 교재비는 사업 구조적으로 비쌀 수밖에 없습니다. 가맹
학원에만 독점 공급을 해야 하기 때문입니다. 판매처가 적으니 교재
제조 원가가 상승할 수밖에 없고 박리다매가 불가능한 구조입니다.
이런 구조를 고려치 않고 시중 교재 가격과 비교하며 폭리를 주장합
니다.

3. 과도한 본사 의존
학원이 잘 안되면 모든 것을 프랜차이즈 본사와 지사 탓으로 돌립니
다. 홍보 지원, 학부모 설명회 등 본사와 지사만 바라봅니다. 그리고
원망합니다. 학원 탓하는 공부 못하는 학생과 오버랩됩니다.

4. 신교재 개발 요구
신교재 개발을 요구하는 학원이 있습니다. 막대한 개발비가 들어가

는 프랜차이즈 교재는 사업 특성상(계약 학원만 독점 공급) 일단 한 번 개발하면 최대한 오랫동안, 속된 말로 우려먹어야 하는 구조입니다. 본사로서는 쉽사리 들어줄 수 없는 요구입니다.

그리고 막상 신교재가 나오면 많이 쓰지도 않습니다. 교재 퀄리티가 떨어진다는 등 이런저런 이유를 대면서 말입니다. 교재 개발에 대한 엄청난 재정적인 뒷담당은 온전히 본사가 해야 하고요.

5. 권리만을 주장

프랜차이즈 계약은 권리(take)와 의무(give)의 균형이 중요합니다. 가맹 학원의 중요한 의무는 교재 구매입니다. 교재는 구매하지 않으면서 이런저런 권리만을 주장하는 경우입니다.

6. 피해 의식

툭하면 '갑질 하냐?'라며 본사에 항의합니다. 본사 입장에서는 오히려 '을질'일 수 있습니다.

7. 본사 정책 비협조

본사 교육 등에 이런저런 이유로 참가를 하지 않습니다. 학원장 모임에도 참석하지 않습니다. 본사의 정책은 무조건 색안경을 끼고 봅니다.

8. 여기저기 본사·지사 비방

자신의 지극히 개인적인 불만 사항을 사방에 전파하고 다닙니다.

9. 무리한 요구

프랜차이즈 브랜드 이미지 상승을 위하여 TV 광고 등을 강력히(?)

건의합니다. 받아들이지 않으면 사업적인 마인드가 없다고 불만을 품습니다. 좋은 건의는 상대방의 여건과 사정을 고려한 건의입니다. 학원 사업은 TV 광고를 할 규모의 사업이 아닙니다.

물론 방법이 있기는 합니다. 모든 학원이 광고 분담금을 내는 것입니다. 그런데 이렇게 하면, 왜 광고비를 가맹 학원이 분담해야 하냐며 반대를 합니다. 가맹비와 교재 수익금만으로 TV 광고를 할 수 있다고 생각하시나요?

10. 색안경을 끼고 보는 학원

자신도 비즈니스를 하는 학원이면서 비즈니스 하는 프랜차이즈 본사와 지사는 장사꾼으로 취급합니다. 낮잡아 보는 것입니다. 직접 말로 표현하지 않아도 그 느낌은 충분히 전달됩니다.

학원 입장과 프랜차이즈 본사 입장을 모두 가정하여 글을 써봤습니다. 서로를 좀 더 이해하는 것이 경쟁력이 될 수 있으리라는 생각에서 쓴 것입니다.

다만, 학원 입장에서 프랜차이즈 계약을 지속하기 어려운 요인 딱 한 가지를 꼽는다면, 저는 비싼 교재비를 꼽고 싶습니다. 제가 과도하다고 판단하는 기준은 학생당 월 3만 5천 원입니다. 이 금액이 넘으면 가맹 학원은 상당한 부담을 느낍니다.

♦

영어 프랜차이즈는 공동 운명체

국내에 프랜차이즈라는 용어가 등장한 것은 그리 오래되지 않았습니다. 프랜차이즈라는 말 이전에는 '체인'이라는 단어를 사용했습니다.

체인.
이 단어에 저는 의미를 부여하고 싶습니다.
고리가 하나라도 떨어져 나가면 체인은 기능을 상실합니다.
즉, 고리 하나하나가 공동 운명체인 것입니다.
저는 영어 프랜차이즈 학원도 공동 운명체라고 생각합니다.

내가 가맹 계약한 영어 프랜차이즈의 브랜드 파워가 상승하면 내 학원의 파워도 함께 상승합니다. 반면, 내가 계약한 프랜차이즈 브랜드 파워가 하락하면 개인 학원이 아무리 힘을 써도 한계가 있습니다. '살아도 함께 살고 죽어도 함께 죽고'인 것입니다.

이것은 장점이자 단점이 될 수 있습니다. 프랜차이즈 브랜드 파워가 상승할 때는 거기에 올라타서 그 파워를 누리면 되지만, 브랜드 파워가 하락할 때는 개인 학원의 힘으로 대세를 극복하기가 쉽지 않습니다.(물론, 어렵지만 극복 사례는 있습니다.)

그러니 이제 선택지가 정해집니다.

딴생각 않고 내가 계약한 영어 프랜차이즈에 집중해서 함께 성장하거나, 물이 새는 배에서 탈출하시거나, 물이 새는 배를 수리하여 남은 소수의 동료와 함께 가는 것입니다. 아니면 처음부터 프랜차이즈가 아닌 개인 브랜드의 학원을 운영하거나요.

선택은 원장님께 달려 있습니다.

Chapter 6.

Q&A

1. 창업 Q&A

Q. 공부방/교습소/보습 학원/외국어 학원을 구분해 주세요.

A. 영어 학원의 네 가지 형태를 구분하여 정리한 표입니다.

구분	공부방 (개인 과외 교습)	교습소	보습 학원	외국어 학원
학원 위치	아파트, 빌라 등	상가	상가	상가
규모	제한 없음	작은 상가	최소 60m² 이상 (강의실 기준)	최소 60m² 이상 (강의실 기준)
강의 과목	전 과목 가능	한 과목만 가능	전 과목 가능	외국어만
강의 가능자	설립자 1인 (부부, 형제자매 공동 운영 가능)	설립자 1인 + 보조 강사 (일부 지역만 가능)	신고된 모든 강사	신고된 모든 강사 (외국인 강사 포함)
최대 동시 수용 인원	9명	9명 (한 평당 1명)	거의 제한 없음	거의 제한 없음
불가 사항	강사 채용	강사 채용 (서울 제외), 여러 과목 강의	외국인 강사 채용 (교포는 가능)	외국어 외 교습 불가 (수학 등)
투자 규모	小	小	中	大

공부방은 설립자 1인만 강의할 수 있으나, 부부나 형제 등 가족인 경우에는 한 집에 주민등록이 되어 있는 경우에 한하여 2인이 할 수 있습니다. 다만, 관할 교육청에서 개개인이 따로 허가를 받으셔야 합니다. 또한, 공부방은 혼자서 전 과목 강의가 가능합니다.

교습소도 일부 지역을 제외하고는 설립자 1인만 강의가 가능합니다. 공부방과 달리 한 과목만 강의할 수 있고, 동시 수용 인원은 평당 1명으로 최대 9명까지만 가능합니다.

강의를 하실 수 없는 원장님이라면 강사 채용이 가능한 보습 학원이나 외국어 학원을 선택해야 합니다. 단, 보습 학원은 외국인 강사 채용이 불가능합니다만, F4 비자를 가진 교포는 강의할 수 있습니다.

원어민 강사 채용은 외국어 학원에서만 가능합니다. 그러나 외국어 학원에서는 수학 등 외국어 이외의 과목은 강의할 수 없습니다.

4가지 형태 중, 막 창업을 하려는 분들께 권하는 형태는 공부방과 교습소입니다. 처음에는 작게 시작하시는 것을 권장합니다.

Q. 공부방도 꼭 사업자 등록증을 내야 하나요?

A. 공부방 예비 창업자로부터 많이 받는 질문 중 하나가 바로 이 질문입니다. 소득이 발생하면 이에 대한 납세의 의무가 발생합니다. 국가는 개인 사업자에 대하여 사업자 등록을 발급해 주고, 소득 규모를 신고(5월 종합 소득세)하게 한 후 세금을 부과합니다. 공부방도 예외가 아닙니다. 사업자 등록증을 발급하지 않겠다는 것은 탈세하겠다는 것과 같습니다.

만일 사업자 등록증 없이 공부방을 운영하다가 적발당하면 과징금 추징 등 큰 불이익이 있습니다. 공부방 창업 시, 개인 과외 교습 허가증과 사업자 등록증을 반드시 발급받아 합법적으로 당당하게 운영하셨으면 합니다.

Q. 공부방으로 어느 정도까지 벌 수 있나요?

A. 교육 사업은 개인의 능력에 따라 수입이 천차만별입니다. 주 5일 운영하며 초등생만 가르치는 공부방의 경우에 월 800만 원 이상, 주 6일 이상 운영하는 중·고생 전문 공부방의 경우에는 월 1,000만 원 이상도 심심치 않게 볼 수 있습니다. 적은 창업 자금을 고려한다면 적지 않은 수입이라고 봅니다.

그러나 위의 경우는 특별한 경우이고, 공부방 창업 후 1년을 기준으로 본다면 월 200~300만 원 수입이 가장 많을 것으로 추정하고 있습니다.

Q. 교육청에서 학원 인가 설립 조례를 봤으나 너무 복잡합니다. 학원 인가에 있어 가장 중요한 사항을 간단히 설명해 주세요.

A. 학원 인가의 핵심 요소는 다음과 같습니다.(이 글에서 학원은 보습 학원, 외국어 학원으로 한정합니다.)

1. 상가 용도

상가 용도가 '교육연구시설'이거나 '제2종 근린생활시설(용도:학원)'이어야 합니다.

제2종 근린생활시설(용도:학원)일 경우에는, 동일 건물 내 학원의 총면적이 500m² 이하여야 인가가 가능합니다. 여기서 태권도 학원은 총면적에서 제외됩니다. 태권도 학원은 교육청 관할이 아니기 때문입니다. 즉, 건물 내에 태권도 학원이 아무리 넓은 평수를 차지하고 있어도 학원 인가에는 전혀 문제가 없습니다.

또한, 건물에 유해시설(단란주점 등)이 없어야 주니어 학원 인가가 가능합니다. 그러나 대형 건물의 경우에는 유해시설이 있더라도 거리 등을 고려하여 인가를 받을 수 있습니다. 매우 중요한 사항이니 이 부분은 관할 교육청의 지침을 반드시 확인하시기 바랍니다.

2. 강의실 면적

관할 교육청마다 기준이 다릅니다만, 경기도 교육청의 기준은 60m² 이상(보습 학원), 90m² 이상(외국어 학원)입니다. 여기서 중요한 것은 임대 면적이 아니라 '강의실 내측 면적' 기준이라는 점입니다.

3. 화장실

남·여 구분이 된 화장실이 있어야 합니다. 반드시 1개 층에 남·여 화장실이 있을 필요는 없고, 다른 층으로 구분(예 : 1층 남자 화장실, 2층 여자 화장실)되어 있어도 가능합니다. 그러나 관할 교육청에 따라 위의 내용과 다를 수 있으니 반드시 사전에 문의해 보셔야 합니다.

4. 소방 시설

연면적 200m²(200m²가 넘으면 다중이용시설로 분류)이하의 학원은 소방 시설 인가에 큰 어려움이 없습니다. 스프링클러와 소화기만 비치하면 됩니다.

5. 학원장 학력

제한 없습니다(단, 강사는 제한 있음).

임대차 계약 후, 심지어 인테리어 공사를 완료한 후에 학원 인가를 받지 못하는 경우를 여러 번 보았습니다. 정말로 심각한 상황입니다. 이런 상황을 막기 위해서는 관할 교육청을 방문하여 사전에 인가 가능 여부를 파악해야 합니다. 구청에서 건축물대장을 발급받아 지참하여 방문하면 인가 가능 여부를 알려줍니다.

인가 관련 법적인 부분은 관할 교육청에 따라 다를 수 있으니 반드시 관할 교육청에 확인하시기 바랍니다.

Q. 학원을 창업하고 싶습니다. 특별한 학원장 자격이 있나요?

A. 예비 학원 창업자에게서 종종 듣는 질문입니다.

대답은 '특별한 자격은 없다.'입니다.

영문학과 졸업자만 영어 학원장 자격이 있는지를 묻는 예비 창업자도 만나본 적이 있는데, 그렇지 않습니다. 학원장은 대학을 졸업하지 않아도 괜찮습니다.

그러나 학원장이 직접 강의하는 경우에는 다릅니다. 강의를 하려면 최소한 2년 이상의 대학 과정을 마쳐야 합니다. 즉, 전문대졸 이상이거나, 2년 이상 대학을 다닌 중퇴생이어야 강사 자격이 있습니다. 또한, 학원장도 강의를 하려면 교육청에 강사 신고를 반드시 해야 합니다.

반드시 직접 강의해야 하는 교습소나 공부방은 학원과 창업 자격이 다릅니다. 2년제 이상의 대학을 졸업하거나 2년 이상 대학 과정을 이수(중퇴 포함)해야만 교습소, 공부방(개인 과외 교습) 창업 자격이 있습니다.

Q. 적절한 창업 비용은 어느 정도인가요?

A. 창업 비용은 규모에 따라서 천차만별입니다. 그러나 지나친 투자는 추천하고 싶지 않습니다. 1인 학원 형태인 교습소, 공부방(정식 명칭은 개인 과외 교습)을 제외한 '학원' 규모의 경우에도 임대 보증금을 제외하고 약 3천만 원 ~ 5천만 원 정도를 추천합니다. 이 금액에는 학원 인테리어 비용, 학원 기자재 설치 비용, 간판 설치 비용 등 모든 비용이 망라된 것입니다.

위의 금액은 신규 개원을 기준으로 한 것이며, 기존 학원을 인수하는 경우에는 초기 투자 비용이 거의 들지 않을 수도 있습니다. 기존 학원의 시설을 그대로 인수하는 것이기 때문입니다.

과거에는 인테리어 비용만 수억 원을 들여서 개원(외국어 학원)하는 것이 일반적이었습니다. 게다가 학원 인가 기준 면적도 넓었기 때문에 1억 원으로 학원을 차리는 것은 상상하기 어려운 일이었습니다. 그러나 지금은 학원 인가 기준 면적이 좁아지고, 그에 따른 인테리어 비용도 줄어들면서 초기 설립 비용을 크게 낮출 수 있게 되었습니다.

교습소의 경우, 임대 보증금을 제외한 투자 금액이 1,500만 원을 넘지 않는 것을 추천합니다. 실거주하는 공부방의 경우에는 200~300만 원 투자로도 개원할 수 있습니다.

Q. 학원 임대차 계약 시 특히 주의할 점이 있을까요?

A. 학원 임대차 계약 시에는 특약에 아래 문구를 반드시 넣으십시오.

'상기의 계약은 임차인의 변심이 아닌, 관할 교육청에서 학원 인가 불허 시 무효로 하며, 계약금 등 기존에 납부한 금액을 임대인은 즉시 임차인에게 반환한다.'

아마도 학원 인가가 나지 않아 큰 낭패를 본 원장님들은 위 특약의 중요성을 잘 아실 것입니다. 실제로 임대차 계약 후 인테리어까지 모두 마친 후에 학원 인가가 나지 않는 경우가 종종 있습니다. 이런 경우 너무 큰 손실이 발생합니다. 그러니 반드시 특약으로 대비해야 합니다.

그런데 위의 조언을 드리면 간혹 이런 걱정을 하는 분들도 있습니다. '주인에게 그런 요구를 해도 되나요?'

즉, 주인에게 요구하기가 부담스럽다는 것입니다. 하지만 전혀 문제없습니다. 국가에서 인가를 내주지 않는 경우에만 계약이 무효로 된다는 내용이니 주인이 거절할 명분이 없습니다. 그러니 반드시 특약에 넣으십시오. 물론, 임대차 계약 이전에 관할 교육청을 사전 방문(반드시 건축물대장 지참)하여 인가 여부를 미리 확인하는 것이 더 중요합니다. 하지만 이런 사전 과정을 거치셨더라도 특약으로 안전을 확보해야 합니다. 반드시 그렇게 하시길 강력히 조언합니다.

Q. 기존 학원을 인수하여 창업하려 합니다. 장단점이 무엇인가요?

A. 장단점은 다음과 같습니다.

1. 장점

1) 적은 초기 비용

: 새롭게 학원을 설립하는 것보다 월등히 비용이 적게 듭니다.

2) 학생 인수 가능

: 기존 학생들을 어느 정도 인수할 수 있습니다.

3) 가맹비 혜택(프랜차이즈의 경우)

: 회사마다 정책이 다르지만, 신규로 가맹하는 것보다 가맹비가 할인되거나 무료인 경우가 대부분입니다.

4) 학원 인가의 용이함

: '설립자 명의 변경'이라는 간단한 절차로 학원 인가증을 받을 수 있습니다.

5) 바로 영업이 가능하며 매출이 발생합니다.

2. 단점

1) 이미지 메이킹이 어렵습니다. 지역 내 이미지가 좋지 않은 학원이었다면, 인수 후에도 부정적인 이미지를 극복하기 어려울 수 있습니다.

2) 원장의 역할이 컸던 학원의 경우에는 원장 교체와 동시에 학생들이 대거 퇴원할 가능성이 큽니다.

3) 기존 시설에 대한 보수 비용이 생각보다 클 수 있습니다.

4) 일부 악의적인 매각의 경우에는 허수 학생들이 많아 후에 심각한 문제가 발생할 수 있습니다.

5) 강사 급여 및 퇴직금, 교육청 과태료 등 전혀 예상하지 못한 지출이 추가로 발생할 수 있습니다.

특히, 이전 학원장의 영향력이 컸거나, 프랜차이즈가 아닌 개인 브랜드 학원인 경우에는 대부분 인수 후 상당한 어려움이 있습니다. 반면, 프랜차이즈 학원의 경우에는 비교적 순조롭게 인수할 수 있습니다.

Q. 학원 인수 시 주의할 점이 무엇일까요?

A. 여러 가지 체크 요소가 있지만 몇 가지 중요한 것을 알아보겠습니다.

1. 학원 인가 여부

운영 중인 학원인데 학원 인가가 안 되어 있다? 말이 안 되는 것 같지만 실제 사례가 있습니다. 지인이 경기 지역에서 꽤 큰 학원(2개 층 사용)을 인수했는데, 알고 보니 한 층만 인가가 되어 있고 다른 한 층은 미인가인 경우가 있었습니다. 건물의 용도가 제2종 근린생활시설이어서 건물 내 학원의 총면적이 500m²를 넘으면 허가가 나지 않으니, 1개 층만 인가를 내고 불법으로 운영한 것입니다. 이전 학원장은 학원을 매각하면서 이를 알리지 않았습니다.

학원을 인수하는 사람이 이러한 사실을 알기는 어렵습니다. 학원 허가증이 버젓이 있으니 파악이 쉽지 않습니다.

결론적으로 한 개 층은 계속 불법적으로 운영했고, 이후 학원 매각 시 헐값에 팔 수밖에 없었습니다. 인수 시와 비슷한 학생 수에도 불구하고 매각 시에는 인수한 권리금의 10분의 1만 받을 수 있었습니다.

2. 학생 수

인수 후 가장 논란이 많은 부분으로, 학원장이 바뀌면 대부분 학생 수가 감소합니다. 특히, 학원장이 강의를 하는 경우라면 더욱 그렇습니다. 심한 경우, 절반 아래로 감소할 수 있습니다.

프랜차이즈 없이 운영하는 개인 브랜드 1인 학원이라면 학생 권리금 자체가 의미 없을 수 있습니다. 학원장이 바뀌면 대부분의 학생이 퇴원할 수 있습니다. 이를 고려하여 권리금 협상을 해야 합니다.

3. 수강료 정산

몇 월 며칠부터 새로운 원장님이 학생들의 수강료를 수령할지 정해야 합니다. 이 부분은 비용(월세 등) 계산과 연동되는 것으로, 날

짜를 협의한 후 '그 이후에 발생하는 수강료 및 비용 처리는 인수하는 학원장이 처리한다.'라고 확실히 정해야 합니다.

4. 행정 처분 여부

인수하려는 학원이 관할 교육청으로부터 받은 과태료, 벌점 등이 있으면 후임 학원장에게 그대로 인계됩니다. 관할 교육청은 오직 인수인계차 방문하는 현장에서만 이를 확인해줍니다. 그러니 이 부분은 기존 학원장에게 의뢰하여 반드시 미리 확인해야 합니다.

5. 강사 및 직원 급여 등

강사 및 직원 급여, 거래처 대금 등이 밀려 있으면 이에 대한 책임이 이관됩니다.

6. 기물 상태

인수하고 보니 책·걸상, 냉·난방기 등의 기물 상태가 좋지 않은 경우가 의외로 많습니다. 도저히 활용할 수 없어 모두 버리고 새로 사야 하는 상황인 것입니다. 또한, 분명히 있었는데 인수하고 보니 없어진 기물도 있을 수 있습니다. 반드시 인수 전에 모든 기물을 꼼꼼히 확인하고, 인수하는 기물 리스트를 계약서 내용에 표기해야 합니다.

7. 수강료

수강료가 학생마다 다른 경우도 있습니다. 이런 경우 학원장이 바뀌었다고 해서 제대로 받기는 힘듭니다. 형제 할인 등의 할인도 있으므로, '학생 수×수강료'와 실제 수강료가 일치하지 않는 경우가 대부분입니다.

8. 임대료 인상 여부

임차인이 바뀌면서 임대인이 학원 임대료를 인상할 수 있습니다. 상당히 곤란한 부분이지요. 기존 학원장과 학원 매매 계약서를 쓰기 전에, 임대료 인상 여부를 먼저 확인하시는 것이 좋습니다.

Q. 학원 권리금은 어느 정도가 적당한가요?

A. 학원 권리금은 정해진 공식이 없습니다. 과거에는 학원 매출액의 10배, 순이익의 3배를 기준으로 권리금이 산정되기도 했으나 지금은 의미가 없습니다. 일반적으로 프랜차이즈 학원, 임대료가 싼 학원, 학원장 강의가 없는 학원, 학생이 많은 학원, 차량을 하지 않는 학원, 초등학교 앞에 있는 학원의 권리금이 비싸게 책정됩니다.
반대로 학생이 많아도 임대료가 비싼 학원, 학원장 강의가 많은 학원, 프랜차이즈가 아닌 개인 브랜드 학원 등은 권리금이 적게 책정됩니다. 가장 중요한 변수는 매도자와 매입자의 상황입니다. 급한 측이 싸게 팔거나 비싸게 매입합니다.

Q. 학원 관련 세무 업무는 어떻게 되나요?

A. 학원은 면세 사업자로 매년 5월 말까지 종합 소득세를 납부하니

다. 이를 위해 사업장 현황 신고(2월 10일까지)를 미리 해야 하며, 신고 방법은 세무사에게 의뢰하는 방법과 직접 신고하는 방법이 있습니다.

직접 신고하는 방법으로는 '홈택스'를 이용하여 온라인으로 신고하는 방법과 세무서를 방문하여 신고하는 방법이 있습니다.

홈택스로 처음 신고하는 경우에는 어려움을 느낄 수 있습니다. 유튜브 등을 통해 관련 동영상을 보면서 학습하고 신고 마감일 이전에 처리하는 것이 좋습니다. 또한, 연간 매출액이 4,800만 원이 넘을 때에는 세무사를 통하여 신고하실 것을 권유합니다.

사업장 현황 신고를 하지 않으면 불성실 가산세가 부과되니 기한 내에 하셔야 합니다. 기한을 놓친다고 큰일 나지는 않지만, 가산세로 인해 세금 납부액이 늘어납니다.

Q. 프랜차이즈 창업이 좋나요? 개인 브랜드 창업이 좋나요?

A. 프랜차이즈 창업은 이런 분들께 적합합니다.

1) 강의 경험, 학원 운영 경험이 없는 분
2) 교재 개발보다는 운영 쪽에 흥미를 더 느끼시는 분
3) 학원 일에 완전히 몸을 던지기 힘든 분
4) 교재비가 비싸도 이해할 수 있는 분
5) 본사나 지사의 통제가 불편하지 않거나 참을 수 있는 분
6) 워라밸을 매우 중요하게 생각하시는 분

특히, 경험이 없다면 프랜차이즈 선택이 가장 확실한 대안입니다.

반면, 개인 브랜드 창업은 다음과 같은 분들에게 적합합니다.

1) 강의 경험이 많은 분
2) 간섭과 통제를 싫어하시는 분
3) 연구를 즐겨 하시는 분
4) 학원 일에 완전히 몸을 던지실 분
5) 프랜차이즈에 대한 거부감이 있는 분
6) 나만의 브랜드를 만들고 싶은 분
7) 학원 운영의 가성비를 높이고 싶은 분

개인 브랜드는 커리큘럼을 만드는 과정이 쉽지 않지만 그만큼 성취감을 느낄 수 있으며, 구역권 등의 제약이 없습니다.
둘 중 어느 것이 좋다고 말할 수 없습니다.
개인의 성향과 경력을 고려하여 결정하셔야 합니다.

Q. 좋은 프랜차이즈를 추천해 주세요.

A. 나에게는 좋은 프랜차이즈가 남에게는 좋지 않을 수 있습니다. 물론, 반대의 경우도 있을 수 있습니다. 나의 교육적인 배경, 학원 근무 경력, 성향에 따라 적합한 프랜차이즈를 내가 직접 골라야 합니다.

오래 걸릴 수 있으나 인맥, 온라인 정보들을 통하여 충분한 시간을 투자해서 나에게 맞는 프랜차이즈를 찾아야 합니다. 쉽게 결정한 프랜차이즈는 쉽게 싫어질 수 있습니다.

결정 기준으로 본사의 업력業歷 및 평판, 교재 라인업, 프로그램 특징,

회사 정책, 전국 가맹점 수, 가맹 학원 성공 사례 등이 있습니다.

Q. 잘 아는 분으로부터 동업을 제의받았습니다.
주위에서는 말리고 있는데 어떻게 할까요?

A. 지인이었을 때와 동업자일 때의 사람은 완전히 다릅니다. 이익 분배, 업무 분담 등에 대한 갈등 발생 가능성이 매우 큽니다. 이는 동업자 상대방 입장에서도 마찬가지일 것입니다. 실제로 참 좋은 인격을 가진 분들도 동업 시 힘들어하는 것을 여러 번 목격할 수 있었습니다. 따라서 작은 규모로 시작하더라도 혼자 하실 것을 추천합니다.

Q. 저는 하고 싶은데 주위에서 학원 창업을 말립니다.
제가 할 수 있을까요?

A. 학원 사업은, 창업은 쉬울 수 있으나 사업을 유지하는 것은 만만치 않습니다. 학원을 운영하다 보면 나를 힘들게 하는 일과 사람들이 반드시 존재합니다. 이를 극복하려면 강력한 창업 동기가 매우 중요합니다.
창업 가능성을 남에게 묻는 정도라면 시작을 하지 않는 것이 좋겠습니다. 주위에서 10명 이상이 말려도 창업할 수 있는 강력한 창

업 동기가 있어야 중간에 좌초하지 않고 지속적으로 학원을 운영
할 수 있습니다.

Q. 남자인데 공부방 창업이 가능할까요?

A. 성공적으로 공부방을 운영하는 남자 선생님들도 많이 있습니다.
그러나 아무래도 여학생 학부모들은 남자 혼자 있는 공부방에 보
내는 것을 부담스럽게 생각하는 경향이 있습니다.

그러므로 남자의 경우, 공부방보다는 교습소 창업을 추천합니다. 학
원이나 교습소를 운영하다가 공부방으로 전환하는 경우에는 기존
학생들이 이미 함께 수업을 듣고 있으므로 무리가 없다고 봅니다.

Q. 공부방(개인 과외 교습)을 부부가 함께 운영할 수 있나요?

A. 가능합니다. 단, 지역에 따라 세부 규정이 다를 수 있으므로 관할
교육청에 확인해 보시는 것이 정확할 것입니다.

제가 거주하는 용인 지역의 경우, 부부가 함께 공부방을 운영할
수 있으나, 부부가 공동으로 한 학생에게 같은 과목을 지도하는
것은 금지하고 있습니다. 예를 들면, 한 명의 학생이 영어를 수강
하는데, 이 학생에게 아내는 스피킹, 남편은 문법을 가르치는 방식
으로 함께 지도하는 것은 인정하지 않습니다.

이를 피하기 위해서는 아내는 초등학생, 남편은 중·고등학생을 담당하는 등 수강생을 나누면 되겠지요. 즉, 지도하는 학생이 달라야 합니다. 또는 아내는 영어, 남편은 수학을 담당하는 것도 과목이 다르니 당연히 가능합니다.

자세한 법적 관련 내용은 반드시 관할 교육청에 확인하시기 바랍니다. 그래야 실수가 없습니다.

Q. 부부가 함께 학원을 운영하는 것은 어떤가요?

A. 부부가 함께 학원을 운영하는 것은 쉽게 볼 수 있습니다. 시작할 때부터 함께 하거나, 아내가 먼저 시작하고 남편이 나중에 합류하는 경우가 대부분입니다. 이렇게 부부가 학원을 운영하면 장점도 있지만, 단점도 많습니다. 특히, 의견 충돌로 다툼이 일어나기 쉽습니다.

가장 이상적인 형태는 업무 분담과 상하 관계를 미리 정하는 것입니다. 부부가 함께 학원을 운영하다 보면 업무가 겹치는 부분이 발생하는데(수강료 결정, 프로그램 도입 등) 대등한 관계라면 의견 충돌이 발생하기 쉽습니다. 그래서 상하 관계를 정하는 것이 좋습니다. 정확히 말하면 상하 관계라기보다는, 의사 결정에 대한 권한을 한 명이 갖고 다른 배우자는 이를 따르기로 하는 것입니다.

부부가 모두 성격이 강하다면, 그리고 상하 관계를 받아들일 수 없다면 함께 하지 않는 것이 좋겠습니다.

Q. 학원 장소를 꾸준히 알아보고 있습니다.
그런데 마음에 드는 곳이 별로 없습니다.

A. 내 맘에 꼭 맞는 상가를 찾기는 쉽지 않습니다. 우선은 지역을 선정하기 힘들고, 지역을 선정했다 하더라도 그 지역 내에서 맘에 드는 상가를 찾는 것이 힘들 수 있습니다. 지역 선정에 지나치게 신중을 기하느라 학원 창업을 결국 포기하는 사례도 많이 봐왔습니다.
개인적인 기준으로는, 학원 장소 선정에 3개월이 넘으면 지쳐서 판단력이 흐려지며 의욕도 잃을 수 있다고 봅니다. 기준을 조금은 낮출 필요도 있다고 봅니다.

Q. 마음에 드는 상가가 있는데 바로 옆이 피아노 학원입니다.
소음이 신경 쓰이는데 괜찮을까요?

A. 방음 처리를 어느 정도 한다고 하나, 바로 옆 상가가 피아노 학원이나 태권도 학원이라면 소음에 대한 고민이 있을 수밖에 없습니다. 문제는 학원 창업을 알아볼 때는 이러한 소음들이 크게 거슬리지 않는다는 것입니다. 다른 여러 조건이 마음에 들다 보니 소음 정도는 극복할 수 있을 것만 같습니다.

그러나 시간이 흐를수록 소음에 대한 스트레스가 커집니다. 특히, 리스닝 수업 시간에는 그 스트레스가 상당합니다. 거기에 학생과 학부모가 소음에 대한 우려를 표출하면 스트레스는 눈덩이처럼 불어납니다.

초등부 전문 학원인 경우, 피아노 학원과 교습 시간이 거의 비슷하여 대부분의 시간에 피아노 소리에 노출됩니다. 따라서 이런 상가에서의 학원 창업은 피하시는 것이 좋습니다.

Q. 아주 맘에 드는 교습소 자리가 있습니다. 다만, 임대료가 상당히 비쌉니다. 그래도 계약해야 할까요?

A. 보통 임대료가 높더라도 상가가 마음에 들면 이런 생각을 할 수 있습니다.

'뭐, 학생 몇 명 더 받으면 되는 것 아냐?'

그러나 막상 운영해 보면 학생 한 명 모집이 그리 만만치 않습니다. 그리고 비싼 임대료는 학원장의 마음을 계속해서 짓누릅니다. 교습소는 법적으로 설립자 1인만 강의할 수 있으므로 추가로 강사를 둘 수 없어 수익에 한계가 있습니다. 1인 학원의 한계를 인식하셨으면 합니다.

교습소는 관리비 포함, 월 80만 원이 넘으면 추천하고 싶지 않습니다. 제가 추천하는 형태는 월 60만 원 이하의 관리비 없는 단지 내 상가입니다.

Q. 인테리어 업체 때문에 마음고생이 너무 심합니다.
추가 금액을 요구하기도 하고 일정도 맞추지 않습니다.

A. 학원 개원 시 크게 마음 고생할 수 있는 부분입니다. 특히, 견적 비용이 싸다고 업체를 선정한 경우, 향후 문제가 발생할 가능성이 큽니다. 업체는 시간을 질질 끌면서 견적 외에 추가 비용을 요구하기도 합니다.

이런 불상사를 방지하기 위해 믿을만한 지인을 통해 인테리어 공사를 진행하시는 것이 좋습니다. 물론, 지인을 통해 진행할 경우, 할 말을 다 하지 못하여 조금 불편할 수는 있으나 크게 마음고생하는 경우는 없습니다.

또는 목수에게 직접 공사를 의뢰할 수도 있습니다. 인테리어 업체에 의뢰해도 실제 일은 목수분들이 합니다. 경력이 오래된 목수분들은 전기 공사도 하는 경우가 많습니다. 자신이 못하면 전기업자를 합류시키기도 합니다. 이 경우, 인테리어 설계는 학원장이 직접해야 합니다. 목수분들은 설계대로만 작업을 하기 때문입니다.

이렇게 목수를 고용해서 직접 인테리어 공사를 하면 인테리어 업체에 맡기는 것과 비교하여 약 40% 정도의 비용 절감 효과가 있습니다. 따라서 규모가 크지 않은 교습소 정도라면 직접 인테리어를 하는 것도 좋은 방법입니다.

Q. 학원을 운영하고 싶으나 강의 경험이 전혀 없습니다. 또 강의할 수 있는 여건도 되지 않습니다. 강의 경험 없이도 학원을 잘 운영할 수 있을까요?

A. 직접 강의해야 하는 공부방이나 교습소는 운영할 수 없으나, 강사를 고용해서 운영하는 학원 이상의 규모는 충분히 가능합니다. 실제로 강의 경험이 없으나 대단히 성공적으로 학원을 운영하는 분들을 많이 보았습니다. 다만, 이분들은 절박함과 비즈니스 마인드를 갖춘 분들이었습니다.

한 가지 조언을 하자면, 강의 경험이 없는 경우에는 운영 부분에 집중하는 학원장이 되시는 편이 좋습니다. 학원을 운영하다가 강의에 욕심이 생기면서 강의를 시작하는 원장님들을 가끔 볼 수 있습니다. 그러면서 강사에게 어설픈 강의 지식으로 간섭하게 됩니다. 학원장과 강사의 갈등이 시작되는 것입니다.

강의 경험이 없는 학원장이라면 학원 운영에 집중하시고 강의는 강사들에게 맡기셨으면 합니다.

Q. 집에서 공부방을 시작하고 싶습니다. 적정 아파트 평수는 어떻게 되나요?

A. 저의 경험을 토대로 보았을 때, 성공 가능성이 가장 큰 평수는 30평대입니다. 30평대 아파트는 방을 확장하여 사용해도 좋고, 거실까지 활용하면 상당한 공간을 만들어 낼 수 있습니다. 그리고 주로 초등~고등학생층이 많이 거주하기 때문에 학생 모집에도 유리합니다.

소형 평수 아파트도 공간을 잘 활용한다면 괜찮습니다. 24평 정도의 규모라면 무조건 거실을 활용해야 합니다. 24평 아파트도 실평수가 약 18평 정도 나오니 거실을 활용하면 공부방으로서는 공간이 부족하지 않습니다.

더 작은 평수도 가능하기는 합니다. 17평 아파트나 원룸에서 훌륭하게 운영하는 경우도 보았습니다. 다만, 가족이 함께 거주하지 않는 형태의 공부방이었습니다.

지역에 따라 다르나, 50평 이상의 대형 평수는 추천하지 않습니다. 대형 평수 아파트에는 공부방 수요층인 학생이 없을 가능성이 매우 큽니다.

공부방 층수에 대해서도 궁금해하는 분들이 많습니다.

공부방으로는 1층이 가장 이상적이지만, 고층도 큰 문제는 없습니다. 다만, 아파트 관리실 정책에 따라 엘리베이터 전기세를 추가로 내는 경우도 있으니 참고하셔야 합니다. 이는 학생들로 인하여 엘리베이터 이용이 늘어 전기세가 발생하니 이에 대한 추가 납부를 요구하는 것입니다. 금액은 그리 크게 부담되지 않는 정도입니다.

그러나 입주민의 민원 발생 시 상당한 어려움이 있습니다. 대표적인 민원은 소음에 대한 것입니다. 입주민이 아파트 관리실에 항의할 수 있고, 관할 교육청에 민원을 제기할 수 있습니다. 이런 경우, 법적인 문제가 없다면 계속 버티면 되지만, 심적 부담이 매우 큽니다. 그러므로 고층에서 공부방을 운영하게 된다면 층간 소음에 각별히 주의를 기울이시는 것이 좋겠습니다.

2. 운영 Q&A

Q. 강의식으로 수업을 할지, 자기 주도식으로 수업을 할지 정하기 어렵습니다.

A. 강의식으로 수업을 할 경우 클래스 구성이 어렵다는 치명적인 단점이 있습니다. 심한 경우 레벨이 맞지 않아 클래스에 단 한 명의 학생만 있을 수 있습니다. 학원으로서는 엄청난 비효율입니다. 또한 중간에 학생이 들어올 때 레벨에 맞게 반을 배정하기가 쉽지 않습니다.

그러므로 레벨 구분이 없는 자기 주도 시스템이 학원 운영에는 상당한 메리트가 있음이 분명합니다.

그러나 자기 주도 시스템에 대한 거부감을 느끼는 학원장도 상당히 많습니다. 강사의 역할이 적고 저렴한 이미지를 준다고 생각하기 때문입니다. 학습 효과에 대한 의문을 품기도 합니다. 이런 경우라면 강의식 수업을 할 수밖에 없습니다.

하지만 특별히 거부감이 심한 경우가 아니라면 자기 주도 시스템 적용을 권장합니다. 또는 강의식 수업과 자기 주도식 수업을 적절히 혼합할 수도 있습니다.

Q. 프랜차이즈는 하고 싶지 않습니다.
그러자니 커리큘럼 세팅이 너무 어렵습니다. 뭔가 방법이 없을까요?

A. 프랜차이즈 없이 커리큘럼을 세팅하기는 쉽지 않습니다. 중·고등부는 큰 어려움이 없으나 초등부는 상당한 노력이 필요합니다. 우선은 쉽지 않은 일임을 인식하는 것이 중요합니다.

커리큘럼 세팅은 학원의 핵심적인 부분이니 시간이 걸리고 정성이 들어가는 것이 당연합니다. 가장 빠른 방법은, 강사 경험이 있다면 자신이 가르치던 교재와 콘텐츠를 활용하여 뼈대를 잡는 것입니다. 그러면서 서서히 살을 붙여나가는 것입니다.

이런 상황이 되지 않는 경우라면 각종 세미나에 참석하여 본인만의 커리큘럼을 하나하나 완성해 나가는 방법이 있습니다. 가장 중요한 것은 나에게 맞는 커리큘럼을 찾아내는 것입니다. 아마도 그 기간이 3개월 이상은 족히 걸릴 것입니다. 그러므로 조급하게 마음먹지 않는 것이 중요합니다.

이렇게 철저히 준비해도 막상 학원을 개원하면 불가피하게 수정·보완이 필요합니다. 이런 과정을 지속적으로 거치면서 나만의 커리큘럼을 완성할 수 있습니다.

프랜차이즈에 비해 힘든 작업임이 분명하나 그만큼 보람도 있을 것이라 확신합니다.

Q. 공부방 운영 중인데 학원으로 확장하고 싶습니다.
학생 수 몇 명일 때 확장하면 좋을까요?

A. 공부방에 학생들이 많아지면 자연스럽게 확장을 생각하게 됩니다. 학원으로 확장할 경우, 임대료, 강사 급여 등을 고려하면 현재보다 학생 수가 20~30명 정도는 더 많아야 공부방 때와 비슷한 수입이 발생합니다.

즉, 확장을 하면 당장은 수입이 줄어들고, 향후 학생이 충원되지 않으면 어려운 상황에 처할 수 있음을 고려해야 합니다. 학원으로 확장 시 장밋빛 미래만 있는 것이 아니라는 의미입니다. 이러한 상황을 고려할 때, 공부방 인원이 최소한 30명은 되었을 때 확장을 생각해 보시는 것을 추천합니다.

Q. 영어 학원을 운영하는데 수학도 추가하고 싶습니다.

A. 수학 과목 추가는 영어 전문 학원의 계속적인 고민거리일 수 있습니다. 수학 학원으로 인해 시간이 맞지 않아 퇴원이 발생하거나, 학부모의 수학 과목 추가 권유를 받으면 특히 마음이 흔들립니다. 그러나 중요한 사실이 있습니다. 수학을 추가한다고 영어를 듣는 많은 학생이 수학 과목도 선택하지는 않습니다. 더욱이 영어 전문이라서 학원을 선택한 수요도 상당수 있습니다. 이 학생들은 수학을 추가하면 퇴원할 가능성이 매우 큽니다.

물론, 학부모들로부터 단단한 신뢰를 받는 경우라면 고려해 볼 수 있습니다. 그러나 수학 과목은 강사에게 의존해야 하는 상당히 큰 리스크가 있습니다. 강사 채용부터 관리까지, 결코 만만치 않습니다.

가장 피해야 할 경우는 영어 과목이 고전해서 수학 과목을 추가하는 경우입니다. 전문 분야인 영어도 잘하지 못하는데 수학 과목을 잘할 수 있을까요?

Q. 분원을 내고 싶습니다.

A. 분원 운영은 성공 사례가 그리 많지 않습니다. 큰 기대를 하고 시작한 분원이 오히려 큰 고통을 주는 경우가 많습니다.

분원을 하기 위해서는 학원 시스템이 탄탄하게 완성되어 있어야 하며, 본원과 분원의 거리가 편도 15분이 넘지 않는 것이 좋습니다. 또한, 분원장은 믿을만한 본원 출신 강사가 맡는 것이 가장 이상적입니다.

결국, 사람과 시스템이 완전히 갖추어져 있어야만 가능합니다.

Q. 개원한 지 얼마 안 되는 중·고생 전문 학원입니다.
그런데 잘하는 학생은 전혀 없고 정말 최하위 학생만 들어옵니다.
그래서 가르치기 너무 힘듭니다. 이 동네 왜 이런가요?

A. 시장을 객관적으로 살펴보시기 바랍니다. 잘하는 학생들은 이미 기존 학원에 다니고 있을 것입니다. 상위권 학생의 특징은 학원 이동이 거의 없다는 것입니다. 반면, 중·하위권 학생, 특히 하위권

학생들은 학원 이동이 잦습니다. 따라서 신생 학원의 경우, 이런 하위권 학생들이 올 수밖에 없는 것입니다.

고등학생의 경우에는 더 심합니다. 고등학교 내신은 대학 입시에 매우 중요합니다. 그러므로 좋은 학원 선택은 인생이 걸린 중요한 일입니다. 검증되지 않은 신생 학원에 자신들의 인생을 맡길 수 없습니다.

좋은 성적 결과를 내더라도 최소한 1년 정도는 지나야 상위권 학생들의 신뢰를 얻을 수 있을 것입니다.

또한, 해가 갈수록 공부하지 않는 학생들이 늘어나는 최근의 추세를 고려한다면, 학원 핵심 수요층은 중·하위권 학생입니다. 중·하위권을 배제하고서는 학생을 모집하기 어렵습니다.

Q. 공부방인데 학생 모집이 잘 안 됩니다.
아무래도 노출이 잘 되지 않아 홍보에 한계가 있는 것 같습니다.
그래서 간판을 부착할 수 있는 인근 교습소로 이전할까 합니다.

A. 교습소로 이전하면 간판을 달 수 있어 홍보에 유리하다고 판단하는 분들이 상당히 많습니다. 그러나 과연 내 공부방에 오지 않던 학생들이 간판만을 보고 올까요? 안되던 공부방이 교습소로 나간다고 잘되리라 생각하지 않습니다. 그런 사례를 아직 접해보지도 못했고요. 우선은 나의 공부방 경쟁력에 대한 고찰이 우선이라고 봅니다.

Q. 지역을 잘못 선정한 것 같아 학원을 이전하고 싶습니다.

A. 현재 학원이 잘 운영되지 않으면 그 이유를 지역 탓으로 돌리는 경우가 있습니다. 하지만 다른 지역이라고 특별한 것이 있을 수 없습니다. 지역 탓보다는 학원 자체 경쟁력 분석이 우선입니다. 학원이 잘되지 않는 이유를 정확히 분석하고 개선하여 현재 지역에서 경쟁력을 갖출 것을 권장합니다.

Q. 계약한 프랜차이즈가 맘에 안 들어요.
다른 프랜차이즈로 전환하고 싶습니다.

A. 왜 마음에 들지 않는지에 대한 분석이 필요합니다.
교재나 프로그램 등 콘텐츠에 대한 불만이 있다면 더 생각해 볼 필요가 있습니다. 나의 마음에 100% 맞는 프랜차이즈는 존재하지 않기 때문입니다.
그러나 과도하게 비싼 교재비, 본사의 갑작스러운 정책 변경 등에 의한 불만이라면 계약 해지의 충분한 사유가 된다고 봅니다.
될 수 있으면 기존의 프랜차이즈를 유지하되, 전환이 불가피한 상황이라면 과감한 의사 결정이 필요하겠습니다.

Q. TESOL이 학원 운영에 도움이 될까요?

A. TESOL(Teaching English to Speakers of Other Languages)은 국가에서 발행하는 자격증이 아니고, 대학 등 사설 기관에서 발행하는 수료증입니다. TESOL의 커리큘럼은 현장 중심이기보다는 이론 중심이며, 교육 과정도 상당히 빡빡합니다.

TESOL 수료증은 학원장의 이력에 조금은 도움이 될 것입니다. 특히, 외국 대학 수료증이라면 더욱 좋을 것입니다. 그러나 학원 운영 및 강의 실전에 큰 도움을 준다고는 생각하지 않습니다.

Q. 수강료를 인상하고 싶은데 걱정입니다. 어떻게 해야 학부모 반발 없이 인상할 수 있을까요?

A. 현재의 수강료가 불만족스럽다면 인상하는 것이 맞습니다. 불만족스러운 수강료는 학원장의 사기를 떨어뜨리기 때문입니다. 이는 학원 경쟁력을 약화시킵니다.

그러나 일방적인 수강료 인상은 학부모 반발을 유발합니다. 대안으로, 신입 회원들에게는 인상된 수강료를 적용하고 기존 학생에게는 유예 기간을 두어 수강료를 이원화시키는 방법이 있습니다. 유예 기간은 최소 6개월 정도 두는 것이 좋습니다.

적절한 인상 시기로는 연초(1월)나 학기 초(3월)가 가장 좋습니다,

Q. 수강료가 제때 들어오지 않아 스트레스가 너무 큽니다.
납부 요청 문자에도 답장을 하지 않습니다.

A. 수강료가 제때 들어오지 않으면 학원은 상당히 곤란합니다. 비용은 제날짜에 나가야 하니 금전적인 어려움에 처할 수 있습니다. 이럴 때는 다음과 같은 방법이 도움이 됩니다.

1. 입학 상담 시 강조

입학 상담 시, 수강료 납부일 준수를 강조해서 말씀드리면 분명히 효과가 있습니다.

저의 경우, 미납 수강료로 신경 쓰느라 강의에 집중하지 못하는 상황을 만들지 않았으면 좋겠다고 미리 말씀드리고, 그래야 학생들에게도 훨씬 좋다는 것을 강조합니다.

2. 날짜 지정

횟수로 수강료를 책정하거나 학원 입학 일자를 기준으로 수강료를 납부하게 되면 학부모들이 헷갈릴 가능성이 매우 큽니다. 그래서 날짜를 말일로 통일하는 방법을 추천합니다. 이렇게 날짜가 통일되면 학부모들이 납부일을 착각해서 수강료 납부를 놓치는 경우는 거의 없습니다.

간혹, 남편분의 월급일에 맞춰달라는 경우가 있는데 이런 경우는 수용해 드리는 것이 당연히 좋을 것입니다.

3. 수강료 납부 문자 발송

학원마다 다를 수 있으나, 수강료 미납이 일주일을 넘으면 문자로 안내해야 합니다. 이 경우, 사무적인 문자라는 느낌을 주는 것이 오히려 좋습니다. 즉, 단체 문자의 느낌을 주는 것이 학부모의 거부감을 줄일 수 있습니다.

Q. 정기적인 학부모 상담이 너무 어렵고 힘듭니다.
초등부 대상의 학원은 꼭 이렇게 상담을 많이 해야 하나요?

A. 중·고등부에 비해 초등부가 학부모 상담이 더 많은 것이 사실입니다. 이런 경우는 입학 상담 시, 충분한 설명으로 상담 업무를 줄일 수 있습니다. 강의에 집중하기 위해 상담을 많이 하지 않는다는 것을 미리 주지시키면 됩니다.
이렇게 개별적인 상담은 줄이되 정기적인 학부모 간담회 등의 형태로 공식적인 상담 자리를 마련하는 것이 홍보에도 효과적이고 학원 운영에도 효율적입니다.

Q. 예의가 없어서 너무 힘들게 하는 학생이 있습니다.
서비스업이니 참고 계속 데리고 가야 하나요?

A. 학원의 존재 이유는 학생들의 학업 실력 향상이지, 인성 개선이 아닙니다. 인성 개선은 학부모의 역할입니다. 따라서 학습이 부진한 것이 아닌, 예의가 없는 학생이라면 끝까지 데리고 가기 어렵

습니다.

그러나 우선 학생과의 개인 상담을 권유합니다. 어린아이의 경우에는 모르고 그럴 수 있으니 일단은 가르쳐야 합니다. 그러나 이후에도 예의 없는 행위가 계속되고 개선의 여지가 전혀 없는 학생의 경우라면 퇴원 조치해야 합니다.

학부모에게는 '학생에게 더 잘 맞는 학원으로 가는 것이 좋겠다.'라는 정도로 퇴원의 명분을 주는 것이 좋습니다.

Q. 저는 강의는 자신 있습니다. 그러나 홍보는 자신 없어요. 학원 홍보는 어떻게 배울 수 있나요?

A. 강사 출신 원장님들의 일반적인 생각입니다. 강의는 자신 있어 하나 홍보는 자신 없어 합니다.

하지만 학원은 교육 사업으로, 일반 사업과는 다릅니다. 자동차나 휴대전화 판매처럼 특별한 홍보 능력이 필요한 사업도 아닙니다. 소형 학원이라면 강의를 잘하는 것만으로도 충분한 경쟁력이 있습니다. 꾸준한 블로그 관리, 아파트 게시판 광고로 충분합니다.

부족한 것에 대한 아쉬움보다는 현재 잘하는 것에 집중할 것을 권유합니다.

Q. 신설 학원(공부방)입니다. 입학 상담을 했는데 '리러너'이며 레벨이 상

당히 높은 학생입니다. 학원에는 이 학생에게 맞는 반이 없는데 새로운 반을 개설해야 하나요?

A. 학원의 성격이 중요합니다. 리터니 학생을 수용할 커리큘럼이 애초에 없고, 학원의 성격과도 맞지 않다면 다른 곳을 추천하시는 것이 좋습니다.

특히 학생 수가 많지 않은 개원 초기에는 이런 경우 참 고민이 많을 수 있습니다. 그러나 학원의 성격과 맞지 않는 학생을 받으면 이 학생 한 명만을 위한 커리큘럼을 만들어야 하며 앞으로도 개인 과외 수업이 될 가능성이 매우 큽니다. 개원 초기, 가장 수요가 많은 층은 중·하위 레벨임을 참조하셔야 합니다.

Q. 원어민 강사를 고용하려면 비용이 어느 정도 들까요?

A. 원어민 강사 고용에 드는 비용은 에이전트 비용(120~150만 원), 월 급여(250만 원 정도), 퇴직금(보통 1개월 급여), 왕복 항공료, 하우징(숙소 집기 설치비, 월세) 비용, 보험료 등입니다. 이를 합하면 보통 300~400만 원 정도입니다.

국내에 거주하며 자가 숙소가 있는 원어민 강사를 채용하는 경우도 있는데, 이런 경우라도 왕복 항공료, 하우징 비용은 보통 지급합니다.

참고로 원어민 강사의 월 근무시간은 보통 120시간 정도를 기준으로 합니다. 이 시간이 넘으면 추가로 급여를 지급해야 합니다.

Q. 외국인 강사 채용은 어떻게 해야 하나요?

A. 에이전트를 통하거나 직접 채용하시는 방법이 있습니다.

직접 채용의 경우에는 대부분이 페이스북이나 온라인 강사 채용 사이트 등을 통합니다. 국외에 거주하고 있는 경우보다는 국내에 있는 외국인 강사 채용이 성공률이 훨씬 높습니다.

다만, 국내에 이미 거주하고 있는 외국인은 서울이나 부산 등 특정 지역을 선호해서 다른 지역의 경우에는 채용이 어려울 수 있습니다.

또한, 에이전트를 통한다고 해서 채용이 보장되지는 않습니다. 에이전트도 보통은 온라인을 통해 외국인 강사를 구하기 때문입니다. 구속력 없이 리스트를 확보하는 정도로 생각하시면 되겠습니다.

Q. 비영어권 국가의 외국인 강사가 어학원에서 영어를 가르칠 수 있나요?

A. 미국, 캐나다, 영국, 호주, 뉴질랜드, 아일랜드, 남아프리카공화국 등 영어가 모국어인 나라의 국적을 가진 E2 비자 소유자만 우리나라 어학원에서 영어 강의가 가능합니다. 그 외의 국가는 원어민 자격으로 국내 영어 학원에서 강의가 불가능합니다.

다만, F4 비자를 가진 교포는 내국인과 대등한 자격이 주어져 보습 학원, 외국어 학원 등 모든 곳에서 강의가 가능합니다.

Q. 컴맹입니다. 영어 학원 운영에 불리한가요?

A. 최근의 영어 학습 추세를 보면 온라인 강의 비중이 지속적으로 증가하고 있습니다. 특히, 단어나 듣기 훈련, 스피킹 강화를 위해서는 온라인 강의의 도움이 상당히 필요합니다. 또한 IT 지식이 있으면 학생들만을 위한 오디오 북을 만들어 주거나 동영상 편집을 활용해서 학원 홍보 등을 할 수 있습니다. 전문적인 IT 기술 습득까지는 필요 없지만, 강의나 학원 운영에 필요한 기본적인 IT 능력은 학원을 강하게 만들어 줄 수 있습니다.

Q. 블로그와 카페의 차이점을 잘 모르겠어요.
어떤 것이 학원 운영에 필요한가요?

A. 블로그는 학원 '홍보'에 유용하고 카페는 학원 '관리'에 유용합니다. 키워드 검색을 통해 많은 사람이 우리 학원 블로그에 유입될 수 있습니다. 학원 홍보 효과가 큰 것입니다. 반면, 게시물이 노출되어 있다 보니 학원의 학습 자료, 워크시트 등을 학원생들만 보게 하는 데에는 한계가 있습니다. 그러므로 학원 홍보는 블로그를 이용해서 하시고, 숙제 관리나 자료 관리 등은 비공개 카페를 운영하시는 것

이 좋겠습니다.

도저히 시간이 되지 않아 한 가지만 추천해달라고 하면 저는 블로그를 추천하고 싶습니다.

Q. 블로그, 인스타그램 등 SNS가 학원 홍보 효과가 있을까요?

A. 네 있습니다. 특히 신도시일 경우에는 그 효과가 좋습니다.

온라인 홍보에서 가장 중요한 것은 꾸준함이므로 적어도 일주일에 한 번씩은 게시글을 작성하는 것이 중요합니다.

Q. 학원 운영이 어려워서 학원 전문 컨설팅을 받으려 합니다. 효과가 있을까요?

A. 우선, 컨설턴트의 이력부터 살펴보셨으면 합니다. 학원 운영 경험이 적거나 없고, 강의 경험이 없다면 그 컨설턴트의 컨설팅에는 한계가 있습니다. 보통은 강사 출신 학원장이 가장 어려워하는 부분인 '홍보'를 강조합니다. 하지만 홍보만이 능사는 아닙니다.

내 학원이 잘 안 되는 이유는 내가 분석할 줄 알아야 합니다. 이를 알기 위해서 타 학원을 연구해야 하고 잘하는 학원을 분석해야 합니다. 그렇게 스스로 알아내야 내 학원을 살릴 수 있습니다. 스스로 찾아내지 못한다면 누구도 나의 학원을 살릴 수 없습니다. 스스로 찾아낸 답이 정답입니다. 그 과정이 힘들 수 있지만요.

Q. 학부모가 전년도 현금영수증 발급을 요구합니다.
전년도 수강료를 소급해서 발행할 수 있나요?

A. 불가합니다. 현금영수증은 일자를 소급해서 발행할 수 없습니다.
그러므로 특히 해를 넘기지 않도록 주의해야 합니다.

Q. 학부모가 회사 제출용으로 사업자 등록증 사본을 요구합니다.
이것을 제공해도 문제가 없나요?

A. 네, 전혀 문제없고, 필요시 제공해야 합니다.
사업자 등록증은 개방형 자료입니다.

Q. 학부모님이 원어민 수업을 원합니다.
작은 학원인데 무리가 가더라도 원어민을 채용해야 할까요?

A. 학원을 운영하다 보면 학부모들의 이런저런 요구를 접하게 됩니
다. 이때 중요한 것은 학원의 철학입니다.
원어민이 학원에 있으면 원어민이 몇 명이냐고 묻는 학부모도 있

습니다. 문법 위주의 학원에는 스피킹은 어떻게 할 것이냐고 묻고, 스피킹 전문 학원에는 문법 어떻게 할 것이냐고 묻는 학부모도 항상 있습니다. 이런 요구를 현장의 목소리라고 오판해서는 안 됩니다.

학원 경영에서 중요한 것은 더하기가 아닌 빼기의 경영입니다. 즉, 나에게 무엇이 적절한지 정확히 파악하고, 적절하지 않은 것은 빼는 것입니다.

한 명의 원어민이 학원의 성공을 보장하지 않습니다. 원어민 강사는 대형 어학원의 몫으로 남겨 두셨으면 합니다.

Q. 매너리즘에 빠진 것 같습니다.
의욕도 떨어지고 학원 일도 재미없어집니다.

A. 학원 사업에 절박함이 없거나 학원 운영 철학이 명확하지 않은 경우, 매너리즘에 빠질 가능성이 큽니다.

어떤 원장님은 남편의 사망으로 자신이 가장이 되어 죽기 살기로 학원을 운영한다고 합니다. 매우 절박한 상황입니다. 이런 분들이 매너리즘에 빠질 수 있을까요? 미래 인재를 양성하는 것에 보람을 느낀다는 분들도 있습니다. 약간 추상적이기는 하나 확실한 가치관입니다. 돈을 많이 벌어서 건물을 올리고 싶다는 분도 있습니다. 이것 역시 강력한 학원 운영 동기가 될 수 있습니다. 학교 설립이 목표인 분들도 있습니다.

좋고 나쁨을 떠나, 내가 학원을 하는 이유, 그에 대한 가치관 정립이 가장 중요합니다. 그것이 사회적인 가치이든 개인적인 가치이든 확실히 정립되어야 합니다. 그렇지 않으면 앞으로도 계속 흔들릴 가능성이 매우 큽니다.

이런 경우 또 하나의 대안으로 동료 학원장과의 지속적인 만남을 권유합니다. 동료 학원장은 같은 일을 하기 때문에 배우자나 친구가 공감할 수 없는 부분을 공감해 줄 수 있습니다. 만나면 자연스럽게 힐링이 될 수 있으며 동기 부여도 됩니다.

Q. 내 자녀들을 우리 학원에서 가르칠 수 있을까요?
여러 가지 고민이 됩니다.

A. 학생 자녀를 둔 학원장들의 큰 고민거리일 수 있습니다. 내 자녀가 잘하면 자식만 성의 있게 지도한다는 말을 들을 수 있고, 내 자녀가 못하면 자식도 제대로 못 가르치면서 누구를 가르치냐는 뒷말을 들을 수도 있습니다.

이 부분에 대한 정답은 없습니다. 상황에 따라 다릅니다.

중요한 것은 자녀의 성향이라고 봅니다. 남의 눈치 잘 안 보고 타인의 시선을 크게 의식하지 않고 질투심이 많지 않은 성향의 자녀라면, 다른 학생들과 함께 가르쳐도 문제없습니다.

사실, 학원을 운영하면서 본인 자녀는 다른 학원에 보내는 것도 타인이 보기에는 의아한 상황일 수 있습니다. 특히, 자녀를 대형 학원에 보낸다면 충분히 오해를 살 수 있습니다. 자녀가 심한 거부 반응이 있거나 힘들어하는 것이 아니라면 자녀를 직접 지도하시는 것도 괜찮다고 봅니다.

이 경우, 객관성을 유지하는 것이 매우 중요합니다. 다른 학생들은 물론 자녀가 느끼기에도 객관적이어야 합니다.

Q. 주위 경쟁 학원에서 우리 학원을 비방합니다.

A. 학원이 성장하면 주위 학원의 견제가 있을 수 있습니다. 특히, 존재감이 큰 학원이 주요 타깃이 됩니다. 그러나 보통의 경우, 비방이 지속되지는 않습니다. 잠깐으로 끝나는 경우가 대부분입니다. 그러니 당장의 상황에 너무 민감한 반응 및 대응을 하지 않으셨으면 합니다. 그보다 내 학원에 더욱 신경 쓰는 것이 현명한 방법이라고 생각합니다.

물론, 도가 지나칠 때에는 법적인 대응이 필요하겠습니다.

Q. 공부방을 한다고 학부모들이 무시하는 것 같아요.
무시당하고 싶지 않아 학원으로 확장하려 합니다.

A. 과거에는 학부모들이 큰 학원을 선호하는 경향이 많았습니다. 반면에 작은 학원은 조금 무시하기도 했습니다.

그러나 이제는 학부모의 인식이 많이 바뀌었습니다. 과거에는 큰 학원이 좋은 학원이라고 생각했다면, 지금은 우리 아이에게 맞는 학원이 좋은 학원이라고 생각하는 학부모가 많아졌습니다.

오랜 시간 학원 차량을 탑승하는 것을 싫어하는 학부모도 많습니다. 그래서 걸어서 이동할 수 있는 공부방을 선호하기도 합니다. 무엇보다 안전하고, 우리 아이를 잘 챙겨줄 것 같은 믿음도 생기기 때문입니다.

과거에는 프랜차이즈 본사들이 브랜드 이미지 하락을 우려하여 공부방에는 자신들의 콘텐츠를 제공해 주지 않았습니다. 그러나 공부방 시장이 커지면서 공부방에도 학원과 같은 프로그램을 공급하게 되었습니다. 공부방에만 프로그램을 공급하는 프랜차이즈도 있을 정도입니다.

그러니 스스로 위축될 이유가 전혀 없습니다. 오히려 '나는 1인 CEO이다!' 라는 자부심을 가지셔도 좋습니다.

Q. 학생을 소개해 주신 학부모님이 계십니다. 소개에 대한 보상이 있어야 하나요? 있어야 한다면 무엇이 좋을까요?

A. 학부모 성향에 따라 보상을 원하는 경우도 있고 오히려 부담스러워하는 경우도 있습니다. 그러나 성향을 파악하기 어려우니 일단은 보상을 하는 것이 좋습니다. 그때 학부모님의 반응을 보고 판단하면 되겠습니다.

수강료에 따라 보상의 크기가 다를 수 있으나, 일반적으로 가장 많이 사용하는 방법은 상품권입니다. 주는 입장이나 받는 입장에서 가장 무난한 선물입니다. 물론 과감하게 현금으로 드리는 경우도 있으며, 앞에서 언급했듯이 학원장이 직접 과일 상자를 들고 찾아가는 것도 본 적이 있습니다.

보상을 어떤 형태로 해야 하는지는 학원장 성향에 따라 결정하시면 되겠습니다. 중요한 것은 학부모에게 감사의 마음을 꼭 표현하는 것입니다.

Q. 학생들이 노트북 등 기기를 자꾸 망가뜨려서 스트레스가 심합니다. 어떻게 해야 하나요?

A. 학원 입학 상담 시, 학생의 잘못으로 인한 기기 파손 시 변상 책임이 있다는 것을 학생과 학부모에게 확실하게 공지해야 합니다.

기기마다 파손 시 변상 책임에 대한 문구를 표시하는 것도 상당한 효과가 있습니다. 또한, 노트북이나 기기에 대한 명찰제 등을 실시하여 책임 소재도 분명히 해야 합니다.

이와 같은 사전 공지와 관리, 그리고 지속적인 경고를 통하여 기기 파손을 크게 줄일 수 있습니다.

Q. 프랜차이즈 본사와 법적인 충돌이 발생했습니다. 어떻게 해결해야 하나요?

A. 대화가 가능한 상황을 넘어섰다면 법적으로 해결할 수밖에 없습니다. 우선은 공정 거래 위원회에 내용을 신고하고 판단을 기다려야 합니다.

이후 변호사를 선임하여 법적인 대응을 하는 방법도 있지만 가맹 거래사와 우선 상담해 보실 것을 권유하고 싶습니다. 가맹 거래사는 프랜차이즈 분쟁 관련해서 실무를 가장 잘 아는 법률 전문가이기 때문입니다.

Q. 잘되는 학원을 방문해서 배우고 싶습니다.

A. 타 학원 방문을 매우 쉽게 생각하는 분들이 있습니다. 그러나 입장을 바꿔 생각해 보신다면 이해가 되리라 생각합니다. 모르는 사람에게 내 학원을 공개하고 노하우를 알려줄 이유가 없습니다. 특히, 잘되는 학원은 무례하고 생각 없는 방문 요구를 수없이 받았기 때문에 이에 대한 경계심이 매우 큽니다. 방문을 허락했다가 방문자의 무례함에 상처받은 경험들도 있을 것입니다.

그러나 잘하는 학원장에게는 한 가지 공통점이 있습니다. 그것은 누군가를 도와주고 싶은 마음이 있다는 것입니다. 그러니 최대한 예의를 갖춰 간절한 마음으로 부탁해 보십시오. 이것이 자존심이 상한다면 타 학원 견학 자격이 되지 않는 것입니다. 누가 피땀 흘려 배운 노하우를 쉽게 가르쳐 주나요?

예의와 정성을 갖춘다면 꼭 배울 수 있습니다.

Q. 불가피하게 학원을 정리하려고 합니다. 학원 매각을 하지 못했고, 상가 주인은 원상 복구를 해야 보증금을 돌려준다고 합니다. 궁금한 것은 원상 복구 기준입니다. 제가 학원을 처음 인수해서 들어올 때 기준으로 복구해야 하나요?

A. 원상 복구는 상가 임대차 계약서에 반드시 나와 있는 조항입니다. 안타깝게도 원상 복구 기준은 최초의 빈 상가 상태입니다. 모든 것을 입주 전 상태로 복구해야 합니다. 다만, 상가 주인과 협의가 된다면 원상 복구 없이 퇴거할 수도 있습니다. 상가 주인의 생각이 매우 중요하니 잘 협의하시는 것이 중요하겠습니다.

♦

'강한 영어학원 만들기(강영만)' 카페에 대하여

학원과는 전혀 관련 없는 타 업종에서 근무하다 전 직장 동료와의 인연으로 영어 학원계에 처음 발을 디뎠습니다. 학원계로 처음 와서 놀랐던 점은 폐쇄성이었습니다. 학원은 정말 많은데, 학원 간의 교류는 거의 없었습니다. 몇몇 친한 학원장끼리의 교류만이 간혹 있는 정도였습니다.

이후 인터넷 카페 등의 등장으로 학원 운영에 필요한 자료 공유를 위한 온라인 커뮤니티는 여러 곳 생겼습니다. 하지만 인적 교류를 위한 공간은 여전히 발견할 수 없었습니다. 이런 상황에서 학원을 계속 운영하던 중, 영어 학원장과 영어 강사만을 위한 커뮤니티를 만들고 싶다는 생각을 하게 되었습니다. 그렇게 약 3년간 생각의 숙성을 거쳐 영어 학원인들의 인적 교류를 위한 카페를 개설하기로 마음먹었습니다.

카페 개설 목적은 크게 두 가지였습니다.

1) 영어 학원계의 등대 역할 (사회적 가치)

2) 생계 수단 (개인적 가치)

영어 학원 창업을 꿈꾸고 있거나, 이미 운영하고 있지만 방황하는 분들에게 올바른 길을 알려주는 등대의 역할을 하고, 더불어 나의 생계도 유지하는, 그렇게 사회적 가치와 개인적 가치를 함께 추구하겠다는 목적으로 카페를 개설하여 차근차근 성장하고 있습니다.

강영만 카페의 핵심 가치는 다음과 같습니다.

1. 인적 커뮤니티

단순히 자료만 공유하고 얼굴 한 번 볼 일 없는 온라인 커뮤니티가 아닌, 사람 냄새 나는 오프라인 커뮤니티를 지향합니다. 직접 만나고, 소통하고, 동료가 될 수 있습니다. 동일 직업의 동료라는 큰 재산을 얻는 공간입니다.

2. 공유

영어 학원 창업 및 운영에 관련된 노하우와 영어 자료 등 모든 것을 공유합니다. 강영만 카페는 혼자만 소유하는 것이 아니라 함께 성장하기 위한 공유의 장입니다.

3. Give & Take 문화

Give & Take의 균형을 추구합니다. Take만 하는 얌체족이 늘어나면 Give 문화는 사라집니다. 이를 위하여 철저히 회원을 관리합니다. 회원들 간의 예의를 중시하며, 게시글 하나하나 관리하여 모든 글이 읽을 만한 가치가 있도록 합니다.

Give는 대단한 노하우나 자료를 말하는 것이 아닙니다. 다른 회원의 글에 관심을 두고 격려의 댓글을 쓰는 일, 작은 정보라도 회원들을 위해 공유하는 일이 모두 Give입니다.

4. 연결

강영만 카페는 영어 학원장 커뮤니티이면서 교육 비즈니스 플랫폼입니다. 영어 비즈니스와 관련된 모든 것을 연결합니다. 현재는 영어 학원 운영에 도움이 되는 각종 세미나로 인적 연결을 하고, 영어 콘텐츠를 공급하는 플랫폼 역할을 하고 있습니다. 앞으로도 강영만 카페가 우리나라 대표 교육 비즈니스 플랫폼으로서 많은 역할을 할 수 있을 것이라 기대하고 있습니다.

5. 개방성

강영만 카페는 끼리끼리 문화를 지양합니다. 나이가 많다고, 나이가 적다고, 신입이라고, 지역이 다르다고 차별하지 않습니다. 진정성을 가진 회원에게는 늘 문을 활짝 열어 놓습니다.

강영만 카페의 최종적인 목표는 회원들이 소속감을 느낄 수 있는 곳이 되는 것입니다. 이곳에서 강한 영어 학원으로 가는 올바른 길을 찾으시고 동일 직업의 좋은 동료를 만나셨으면 하는 바람입니다. 그리고 모두가 강한 영어 학원, 교습소, 공부방으로 성장하셨으면 합니다.

'**강한 영어학원 만들기**' 카페에서 영어 학원 운영에 관한 다양한 정보를 공유해 보세요.

https://cafe.naver.com/strongeacademy